Fotografia e cidade, Brasil

1890 – 1930

Dedicado à memória do
professor Mauricio
Lissovsky (1958-2022)

IMS

MODERNA PELO AVESSO

Fotografia e cidade, Brasil

1890

1930

Curadoria
Heloisa Espada

A exposição *Moderna pelo avesso: fotografia e cidade. Brasil, 1890-1930* nasceu do desejo do Instituto Moreira Salles de contribuir para a discussão corrente a respeito da emergência de práticas e linguagens modernas nas artes brasileiras do início do século XX.

Cem anos depois da Semana de Arte Moderna, vai se tornando mais e mais claro que esse foi um processo extremamente complexo, que correu por veios múltiplos e mobilizou personagens díspares e dispersos, nem sempre solidários ou unânimes em sua apreensão da modernidade; um processo, ademais, que já não há como compreender unicamente à luz da Semana de Arte e de seus vultos ora canônicos. Isso se aplica, em particular, ao tema central desta exposição, a saber, a quase total ausência de duas linguagens eminentemente modernas - a fotografia e o cinema - no ideário e na criação do primeiro Modernismo. Foi esse, com efeito, o ponto de partida para o belo trabalho de Heloisa Espada, movida pelo ímpeto (que é tanto seu como de uma nova geração de pesquisadores e curadores) de ampliar os sentidos da modernidade e o rol de seus protagonistas; de mostrar a pujança da prática e mesmo da experimentação fotográfica e cinematográfica nas primeiras décadas do século XX; e de evidenciar, por fim, a disseminação das duas artes novas muito além de seus lugares consagrados no Rio de Janeiro e em São Paulo.

Um projeto de tal natureza não chega a bom porto sem o concurso de muitas pessoas e instituições. Ao longo da pesquisa e da curadoria, Heloisa Espada e a equipe do Instituto Moreira Salles puderam contar com a generosidade de coleções públicas e privadas, de colecionadores e pesquisadores que compartilharam conosco seus conhecimentos, e se dispuseram a emprestar obras para a apresentação da exposição em São Paulo. A todas e a todos, nossa mais sincera gratidão. Cabe aqui registrar, em particular, nossa gratidão para com Mauricio Lissovsky. Eminente conhecedor da história da fotografia no Brasil, professor da Universidade Federal do Rio de Janeiro, crítico de grande verve e saber, Mauricio dispôs-se a participar do projeto que culminou em *Moderna pelo avesso* com grande entusiasmo - e com enorme disposição para se deixar surpreender pela pesquisa e pelo diálogo. Perdê-lo a meio caminho foi motivo de grande pesar para todos nós, razão pela qual dedicamos a exposição e este catálogo à sua memória.

Por fim, vale registrar que esta é a última exposição que Heloisa Espada realiza conosco em suas funções de coordenadora de Artes Visuais do Instituto Moreira Salles. Depois de mais de uma década engajada em nossa missão, organizando exposições, editando livros, participando de júris e seminários, entre tantas outras atividades, Heloisa foi chamada a novos desafios profissionais. Não temos dúvida de que saberá enfrentá-los com dedicação, competência e originalidade. A ela, nossa gratidão e nossos melhores votos de êxito e sucesso.

João Fernandes, diretor artístico
Marcelo Araujo, diretor-geral
Instituto Moreira Salles

O AVESSO DO AVESSO

Heloisa Espada

Heloisa Espada
é curadora e
professora de
história da arte
no Museu de Arte
Contemporânea da
Universidade de
São Paulo.

Guilherme Santos (Rio de Janeiro, RJ, 1871-1966)
Castelo: excursionistas visitando o morro histórico
Rio de Janeiro, RJ, *c.* 1920.

1>
ASSIS, Machado de. *Esaú e Jacó*. São Paulo: Ciclo do Livro, s.d., p. 9.

A foto ao lado foi tirada provavelmente em 1921 ou 1922, quando as obras de remoção do morro do Castelo estavam a todo vapor. Além do chão revirado e da ladeira um tanto obstruída por escombros, a imagem traz um grupo de três adultos – os "excursionistas", segundo a legenda – vestidos com elegância, e quatro crianças brancas, descalças, com roupas encardidas e amarrotadas. Os meninos interagem entre si e com a câmera. Um deles, sabendo que está na mira do fotógrafo, cobre o rosto com as mãos, porém deixa os dedos levemente afastados para continuar assistindo ao que acontece a sua volta. Os outros dois se olham e sorriem, cientes de que a molecagem está sendo registrada. O garoto em primeiro plano, de perfil, e a menina ao fundo carregam latas, possivelmente daquelas usadas para levar água potável até as casas. O morro abrigava famílias pobres de várias procedências, sobretudo afrodescendentes, imigrantes portugueses e italianos.

O homem de terno, com um cravo branco na lapela e lenço engomado no bolso, deve ser o fotógrafo amador Guilherme Santos, a quem pertenceu a foto. Santos registrou o morro do Castelo durante vários anos, de 1914 a 1925, com uma câmera fotográfica estereoscópica Verascope, uma das marcas mais conhecidas na época. Esse tipo de equipamento tirava duas fotos quase iguais ao mesmo tempo, com uma pequena diferença de enquadramento, que, observadas através de um visor específico, criam a ilusão de tridimensionalidade. A técnica inventada na França, em 1839, passou a ser comercializada em vários continentes a partir de 1851, permanecendo popular até a primeira metade do século XX, inclusive no Brasil. A foto em questão deve ter sido clicada por um assistente de Santos ou por um quarto "excursionista" do grupo.

No *souvenir*, as duas mulheres à esquerda exibem vestidos de tecido leve e fino, estranhos àquele endereço. Deve ter sido incômodo para elas subir a ladeira com sapatos de salto. Elas lembram as personagens Natividade e Perpétua que, no início do romance *Esaú e Jacó*, de Machado de Assis, visitam o mesmo morro à procura de uma cartomante:

> Era a primeira vez que as duas iam ao morro do Castelo. Começaram a subir pelo lado da rua do Carmo. Muita gente há no Rio de Janeiro que nunca lá foi, muita haverá morrido, muita mais nascerá e morrerá sem lá pôr os pés.
>
> [...]
>
> Natividade e Perpétua conheciam outras partes, além de Botafogo, mas o morro do Castelo, por mais que ouvissem falar dele e da cabocla que lá reinava em 1871, era-lhes tão estranho e remoto como o `club`. O íngreme, o desigual, o mal calçado da ladeira mortificavam os pés das duas pobres donas.[1]

As semelhanças entre a cena descrita por Machado de Assis, ambientada na década de 1870, e a fotografia da coleção de Guilherme Santos, feita cerca de 50 anos depois, identificam o abismo social que, de resto, caracteriza a sociedade brasileira até hoje. É fácil imaginar que o fotógrafo tenha liderado o passeio das madames àquele sítio histórico, no centro do Rio, onde a cidade foi instalada em 1567. Uma parte do Castelo já havia sido destruída durante a gigantesca reforma urbana realizada entre 1903 e 1908, o famoso “bota-abaixo”, que demoliu milhares de construções antigas no centro da capital federal para dar lugar à avenida Central, hoje Rio Branco. Em 1922, sob o mesmo argumento de que era preciso “modernizar” a urbe, abrir caminho para os ventos e dispersar miasmas, o desmonte acelerado do morro cedeu espaço aos pavilhões da Exposição Internacional do Centenário da Independência (pp. 158-167). Noutra foto da série de estereoscopias sobre a derrubada, Guilherme Santos enquadra uma montanha de escombros em primeiro plano e mostra, ao fundo, um palácio construído para os festejos (p. 162). Além de ruínas do século XVI, como as do Colégio dos Jesuítas e da igreja de São Sebastião, ele se preocupou em registrar principalmente os últimos moradores do Castelo e suas condições precárias de moradia.

Seu apreço pelo patrimônio e pela memória tinha um forte componente de classe, o que caracteriza também sua dedicação à fotografia por mais de cinco décadas. O fotógrafo registrou diversas cidades brasileiras, principalmente o Rio de Janeiro, onde vivia, entre 1905 e 1958, tornando-se conhecido por produzir o maior conjunto de imagens estereoscópicas sobre o país.[2] Herdeiro de uma das mais tradicionais joalherias instaladas no Rio de Janeiro desde os tempos do Império, Guilherme Santos foi um comerciante bem-sucedido, primeiro junto aos negócios da família, depois como representante de uma marca belga de cofres. Além de fotógrafo amador, ele era filatelista e numismata, atividades que podia exercer com afinco, sem se preocupar em ter retorno financeiro. Suas fotos circulavam entre familiares e amigos. Em 1925, associou-se ao Photo Clube Brasileiro, que reunia amadores de uma elite econômica e cultural interessada em aproximar a fotografia das belas-artes, afastando-a da produção de caráter vernacular. A fotografia que se beneficiava do automatismo tecnológico, sem pretensões artísticas, se popularizou lentamente no Brasil, nas primeiras décadas do século XX. Em suma, para os amadores de fotoclubes, a fotografia era uma forma de distinção social.

Por outro lado, no Brasil, como no resto do mundo, o Estado rapidamente compreendeu o poder de persuasão do cinema e da fotografia. Durante a Primeira

2>
Desde 1965, quando o Museu da Imagem e do Som do Rio de Janeiro foi criado, a instituição possui a maior parte da produção de Guilherme Santos, uma coleção de cerca de 17.812 negativos, 9.310 positivos e 1.302 ampliações em papel de fotografias estereoscópicas. O Instituto Moreira Salles detém aproximadamente três mil imagens estereoscópicas de Santos. Sobre a obra do fotógrafo, ver:
SANTOS, Maria Isabel Mendonça dos. *A mirada estereoscópica de Guilherme Santos: cultura visual no Rio de Janeiro (séculos XIX e XX)*. Tese de doutorado, Programa de Pós-Graduação em História, Universidade Federal Fluminense, Niterói, 2019.

República, a produção fotográfica representou sobretudo os interesses de uma classe política e econômica alheia às necessidades da população em geral. Numa sociedade marcada por desigualdades abissais, as novas mídias de massa foram, nas mãos do poder público, um instrumento ideológico em prol de um regime profundamente autoritário. Nesse contexto, houve pouco espaço para experimentações formais nos moldes do que ocorreu no hemisfério norte.

A exposição *Moderna pelo avesso: fotografia e cidade, Brasil, 1890-1930* procurou lançar um olhar crítico sobre o viés oficial e patrimonialista que caracterizou boa parte da fotografia do período.[3] A mostra evidencia que, à época, a produção de discursos visuais estava quase exclusivamente nas mãos de uma elite econômica branca e masculina, permeável apenas à entrada de imigrantes europeus. Os limites dessa representação são claros. A mostra conta com apenas uma fotógrafa mulher – Hermínia Nogueira Borges, também sócia do Photo Club Brasileiro. Por outro lado, procuramos destacar a obra de amadores, como Francisco Rebello e Jacques Huber, e de profissionais como Vicenzo Pastore, por exemplo, responsáveis por registrar aspectos que costumavam ficar de fora do retrato oficial das cidades brasileiras: aqueles que haviam sido libertos havia poucas décadas e seus descendentes, trocas de olhares, gestos e mercadorias (pp. 88-117).

Somente profissionais e alguns poucos amadores tinham câmeras fotográficas no país no início do século XX. Ainda assim, a partir de 1900, cidades como Rio de Janeiro, São Paulo, Recife, Belém, Porto Alegre e Belo Horizonte, contempladas pela exposição, passaram a conviver mais e mais com a fotografia e o cinema, enquanto suas entranhas eram reviradas por reformas megalomaníacas.[4] Em paralelo, novidades no campo gráfico permitiram a impressão de fotografias em revistas ilustradas, assim como a rápida proliferação de cartazes, cartões-postais e outras publicações (pp. 74-83; 146-151). Em 1907, foi lançada no Rio de Janeiro a revista *Fon-Fon*. Em 1912, a *Kodak*, em Porto Alegre. Ambas eram periódicos de assuntos gerais, com títulos que remetiam a dois dos principais símbolos de modernidade da época: o automóvel e a fotografia.

Projetos como o "bota-abaixo", que expulsou a população de baixa renda e arrasou o patrimônio colonial do centro do Rio de Janeiro, e a inauguração da Cidade de Minas (depois chamada de Belo Horizonte), planejada do zero, em 1897, forjaram a roupagem moderna da jovem República. No entanto, uma Abolição mais do que

3>
Refiro-me à produção comissionada por diversas instâncias do poder público, para o registro de reformas urbanas e eventos públicos, como as grandes exposições internacionais que ocorreram no Rio de Janeiro em 1908 e 1922. Do ponto de vista patrimonial, os acervos do IMS, do Museu Light de Energia e da Fundação Energia e Saneamento de São Paulo, por exemplo, possuem uma extensa documentação de obras de infraestrutura realizadas no Brasil, no início do século XX, como a instalação de redes de luz elétrica, sistemas de bonde e distribuição de gás realizadas pela *holding* de capital canadense Brazilian Traction Light and Power, posteriormente denominada Brascan. Considere-se também a documentação fotográfica e fílmica de grandes propriedades rurais de norte a sul do país.

4>
Faço referência aqui ao texto "Megalomania", de Lima Barreto, publicado na revista *Careta*, em 28 de agosto de 1920, com críticas à derrubada do morro do Castelo.

tardia, proclamada apenas um ano antes do golpe que instituiu a República, evidenciava que, naquele contexto, a ideia de modernidade estava longe de ser apenas sinônimo de atualidade e progresso, sendo também violência, apagamento e eugenia. Como explica José Murilo de Carvalho, após 1888, "o governo imperial gastou quase toda sua energia resistindo aos ataques de ex-proprietários de escravos que não se conformavam com a abolição sem indenização".[5]

Moderna pelo avesso procura mostrar a fotografia em suas diferentes formas de penetrar no imaginário urbano: por meio da imprensa, do cinema, do cartão-postal, das revistas ilustradas e de uma produção amadora, que se pretendia "artística" ou não. Além disso, lanternas mágicas, panoramas e estereoscopias explicitam a vocação narrativa da imagem fotográfica, mesmo quando não está diretamente associada ao cinema (pp. 50-57; 64-65). A ideia de uma linguagem visual moderna surge nos instantâneos realizados por Vincenzo Pastore e Francisco Rebello nas ruas de São Paulo e do Recife, respectivamente nos anos 1910 e 1920 (pp. 88-113). Num sentido mais formal, por meio de *closes* e distorções, se materializa também em filmes como *Tormenta* (1931), *Lábios sem beijos* (1929) e, sobretudo, em *Limite* (1931), o primeiro fotografado por Igino Bonfioli e os dois últimos por Edgar Brasil (pp. 12; 15; 145; 169-171).

Tentamos criar uma situação em que obras de amadores e profissionais possam ser confrontadas, com o objetivo de identificar afinidades e diferenças, além de explicitar as contradições da modernidade à brasileira. A sofisticação da flora amazônica nas fotos do botânico Jacques Huber (pp. 118-123) se contrapõe à deselegância da arquitetura das grandes feiras (pp. 74-75); cenas de trabalho infantil nos filmes de Igino Bonfioli (p. 124) conflitam com o conforto dos interiores das casas de José Baptista Barreira Vianna e Marc Ferrez (pp. 126-130); a delicadeza do ornamento floral no chapéu da mulher branca de feição rígida retratada por Alberto de Sampaio (p. 135) contrasta com a resiliência do homem de roupas frouxas e esburacadas dançando descalço no carnaval do Recife, registrado por Francisco Rebello (p. 112).

Nos trabalhos de Rebello, Huber, Pastore e Bonfioli, a modernidade desponta como crônica visual e documento antropológico. Sobretudo Francisco Rebello, imigrante português nascido em Goa, Índia, se destaca pela aproximação discreta das cenas nas ruas do Recife, onde ele se radicou no final da década de 1910. Em muitas de suas fotos, vendedores ambulantes, lavadeiras ou foliões aparecem de costas, entretidos em seus afazeres e em sua diversão. Chama a atenção o interesse pelo banal e a abordagem indireta, como acontece quando ele mostra uma ação por meio de sua sombra

5>
CARVALHO, José Murilo de. *A formação das almas: o imaginário da República no Brasil*. São Paulo: Companhia das Letras, 2017, p. 27.

6>
BASTOS, Sênia Regina. "O patrimônio do Recife sob a ótica de Francisco Rebêlo nas décadas de 1930 a 1940". *Patrimônio e memória*, São Paulo, Unesp, v. 8, n. 2, pp. 87-110, jul.-dez. 2012, p. 91.

(pp. 97; 102-112). Nesses casos, sua obra tende para a abstração. Os enquadramentos demonstram que esse amador dedicado, comerciante, como Guilherme Santos, estava atento à produção fotográfica dita moderna de outros países. Sênia Regina Bastos informa que Rebello frequentava rodas de conversas com outros fotógrafos e recebia revistas especializadas importadas de Portugal e da Inglaterra.[6]

A experimentação formal marca também as obras de Igino Bonfioli e Edgar Brasil, dois fotógrafos cinegrafistas que se destacaram como inventores de equipamentos, pois era preciso suprir a falta de ferramentas adequadas no mercado brasileiro nas primeiras décadas do século XX. Bonfioli, imigrante italiano radicado em Belo Horizonte, se dedicou ao cinema documentário "de cavação", como eram chamadas as produções "chapa-branca" encomendadas pelo poder público, e ao cinema de ficção.[7] O uso recorrente da contraluz dá um sentido pictórico à sua fotografia, criando uma sensação tátil de relevo ao destacar as texturas de corpos e objetos. Em alguns casos, como no longa-metragem *Tormenta*, dirigido por Arthur Serra, essa característica ganha tons dramáticos, adequados à narrativa intimista de um romance impossível permeado por uma série de assassinatos. Aqui, Bonfioli investe em sombras marcantes e alongadas, que lembram o cinema expressionista, em enquadramentos fechados e efeitos especiais, como a sobreposição de imagens. As referências à produção internacional aparecem também em *Cerâmica Horizontina*. A cena final dessa peça publicitária mostra dezenas de meninos deixando a fábrica de telhas mineira, numa citação explícita ao filme *La Sortie de l'Usine Lumière à Lyon*, uma das primeiras produções da história do cinema, realizado pelos irmãos Lumière, em 1885. Realizada a princípio como um elogio ao trabalho desenvolvido pela indústria de cerâmica sediada em Belo Horizonte, nos anos 1920, aos olhos de hoje, *Cerâmica Horizontina* choca pela exploração explícita e desavergonhada de mão de obra infantil.

Moderna pelo avesso finaliza com a exibição de trechos de *Limite*, o "poema de fotografias"[8] criado a quatro mãos por Mário Peixoto e Edgar Brasil, em 1930. Dirigido por um jovem poeta de 22 anos, cinéfilo, porém sem experiência anterior em roteiro, direção ou fotografia, *Limite* é um marco do cinema experimental, talvez a única obra realizada no Brasil durante a Primeira República de fato alinhada com a fotografia de vanguarda tal como era realizada no hemisfério norte. Mário Peixoto foi uma personalidade complexa que, ao longo da vida, se dedicou sobretudo à escrita de outros roteiros, romances e poemas, além de criar uma

7>
Ver: MARQUES, Alexandre Pimenta. *O registro inicial do documentário mineiro: Igino Bonfioli e Aristides Junqueira*. Dissertação de mestrado, Programa de Pós-Graduação em Artes, Escola de Belas Artes da Universidade Federal de Minas Gerais, Belo Horizonte, 2007.

8>
A expressão foi usada por José Lins do Rego em texto sobre *Limite*, publicado no jornal *O Globo*, em 6 de maio de 1944.

9>
PEIXOTO, Mário. "Um filme da América do Sul". *Arquitetura*, ago. 1965. In: MELLO, Saulo Pereira de (org.). *Mário Peixoto: escritos sobre cinema*. Rio de Janeiro: Aeroplano, 2000, p. 85.

Frames **do filme *Limite***
Mangaratiba, RJ, 1931
Direção: Mário Peixoto (Rio de Janeiro, RJ, 1908-1992)
Fotografia: Edgar Brasil (Hamburgo, Alemanha, 1903 - Cruzeiro, RJ, 1954)

série de narrativas fictícias em torno de si mesmo e de *Limite*. Em agosto de 1965, por exemplo, a revista *Arquitetura* publicou um texto sobre o filme, atribuído a Serguei Eisenstein, que começava assim: "De algum jeito e em princípio esse rapaz formou-se como um cérebro-câmera; seu registro é um globo ocular – sua estrutura de trabalho, instintivamente ritmo".[9] Soube-se mais tarde que o texto foi escrito por Mário Peixoto.

Edgar Brasil iniciou sua trajetória na fotografia de cinema em 1929, quando filmou os longas *Brasa dormida* e *Sangue mineiro*, com direção de Humberto Mauro. No ano seguinte, trabalhou em *Lábios sem beijos*, do mesmo autor, e *Limite*, que foi realizado com uma câmera emprestada da produtora Phebo Brasil, de Mauro, e outra pela atriz Carmem Santos, parte do elenco reunido por Peixoto. Brasil deu suporte técnico para Mário Peixoto filmar *Limite*. Porém, há indícios de que os enquadramentos do filme tenham sido predominantemente definidos pelo diretor. O primeiro deles é o fato de que os outros filmes realizados pelo cinegrafista na mesma época não possuem o mesmo grau de experimentalismo. *Brasa dormida*, seu primeiro filme, tem uma fotografia bastante convencional – enquadramentos de meio corpo e nenhuma angulação inovadora. *Sangue mineiro* possui cortes mais criativos, sobretudo no que diz respeito à composição de diferentes planos sobrepostos, às vezes com um primeiro plano desfocado, por exemplo. Já *Lábios sem beijos*, realizado no mesmo ano que *Limite*, apresenta vários *closes* de objetos e alguns *plongées* e *contre-plongées* mais proeminentes (p. 145). Seu filme mais ousado do ponto de vista fotográfico é *Ganga bruta* (1933), de Humberto Mauro, onde os enquadramentos têm propositadamente forte conotação sexual, funcionando como metáforas pouco sutis do desejo dos personagens.

Mário Peixoto contava que ele teria escrito o roteiro de *Limite* numa única noite, em Paris, em outubro de 1929, após se deparar com uma capa da revista *Vu*, por acaso, num quiosque. Ou seja, o filme teria nascido do impacto causado por uma imagem. A foto de André Kertész, em que uma mulher é abraçada e ao mesmo tempo presa por braços masculinos, inspirou a cena de abertura de *Limite*.

Filmado em Mangaratiba, uma pequena vila de pescadores no litoral fluminense, o filme é composto por sequências de *closes*, fusões, movimentos de câmera que criam abstrações, além de ângulos agudos de cima e de baixo, que dificultam o entendimento de uma narrativa já bastante opaca em si. Porém, embora se passe num cenário interiorano, a fotografia de *Limite* tem raízes numa cultura urbana e moderna. Desde o século XIX, o modo de vida nas grandes metrópoles – com seus cartazes, grandes magazines, trens, bondes, novas formas de entretenimento e aglomeração, a fotografia e, mais tarde, o cinema – levou ao privilégio da visão sobre outros sentidos, de modo que os citadinos desenvolveram um tipo de percepção rápida e fragmentada. Além de viver no Rio de Janeiro, então capital federal,

Peixoto esteve atento à produção cinematográfica internacional da década de 1920, por meio dos debates promovidos pelo cineclube Chaplin e do jornal *O Fan*, em torno dos quais se reuniam jovens intelectuais interessados em crítica. Some-se a isso o fato de Mário Peixoto ter vivido na Inglaterra em 1927 e 1928, onde ele cursou um *college*, e teve contato com a produção cinematográfica de vanguarda produzida na França, na Alemanha e na União Soviética. O próprio roteiro de *Limite*, ao descrever em detalhes como as cenas deveriam ser filmadas, com orientações sobre o enquadramento, o ângulo, a posição e o movimento de câmera, sugere que a fotografia da obra é em boa parte responsabilidade de Peixoto. Lê-se, por exemplo, "[48] fusão - roda do trem (achar ângulo impressionante para sempre que aparecer roda do trem)".[10] Ou: "mulher sempre vista de costas sai gradativamente das ruas da vila, ora fala com um – outro – abaixa-se para fazer festa a uma criança (aí a máquina avança até uma pequena flor que brota junto à cerca de uma casa na beira da estrada e focaliza-a em *close-up* algum tempo) – mulher sai totalmente da vila".[11]

Um terceiro indício da autoria dos enquadramentos de *Limite* seria a obra literária de Mário Peixoto. Em 1933, ele publicou a primeira versão de seu romance *O inútil de cada um*. Trata-se de uma prosa introspectiva, repleta de devaneios visuais, muitos deles em primeiríssimo plano. As situações narradas, desconectadas de uma coerência cronológica, são também, como em *Limite*, uma sequência de *flashes* de memórias ou sonhos:

> Houve um branco, e passei a ver Lia. Colocava-me um pequeno revólver na palma da mão e dizia:
>
> – Tome! Acabe com isso... Gente como nós não vale a pena!
>
> A arma brilhava; era niquelada, com o cabo de madrepérola.
>
> Fusão do revólver para a mão de Lia sobre a minha palma, junto com a impressão de que acabara de contar-lhe a minha vida.
>
> [...]
>
> Mais tarde, levanto-me, retrocedendo na caminhada. A Avenida me parece mais deserta ainda, quando acompanho o colar de globos iluminados, refletidos dentro d'água. Às vezes, debruço-me na muralha, e fico uma porção de tempo mirando a imagem. As oscilações da água pastosa, cor de nanquim, exercem magias fantásticas, deformando os discos em zigue-zagues, ou alongando-os em cúpulas bizarras de metal.[12]

Além de remeter à linguagem do roteiro de *Limite* ao mencionar uma fusão de imagens, os trechos acima descrevem o personagem do romance absorto em

10>
PEIXOTO, Mário. *Limite, "scenario" original*. Rio de Janeiro: Sette Letras, 1996, p. 49.

11>
Ibidem, p. 65.

12>
PEIXOTO, Mário. *O inútil de cada um*. Rio de Janeiro: 7Letras, 1996, p. 119.

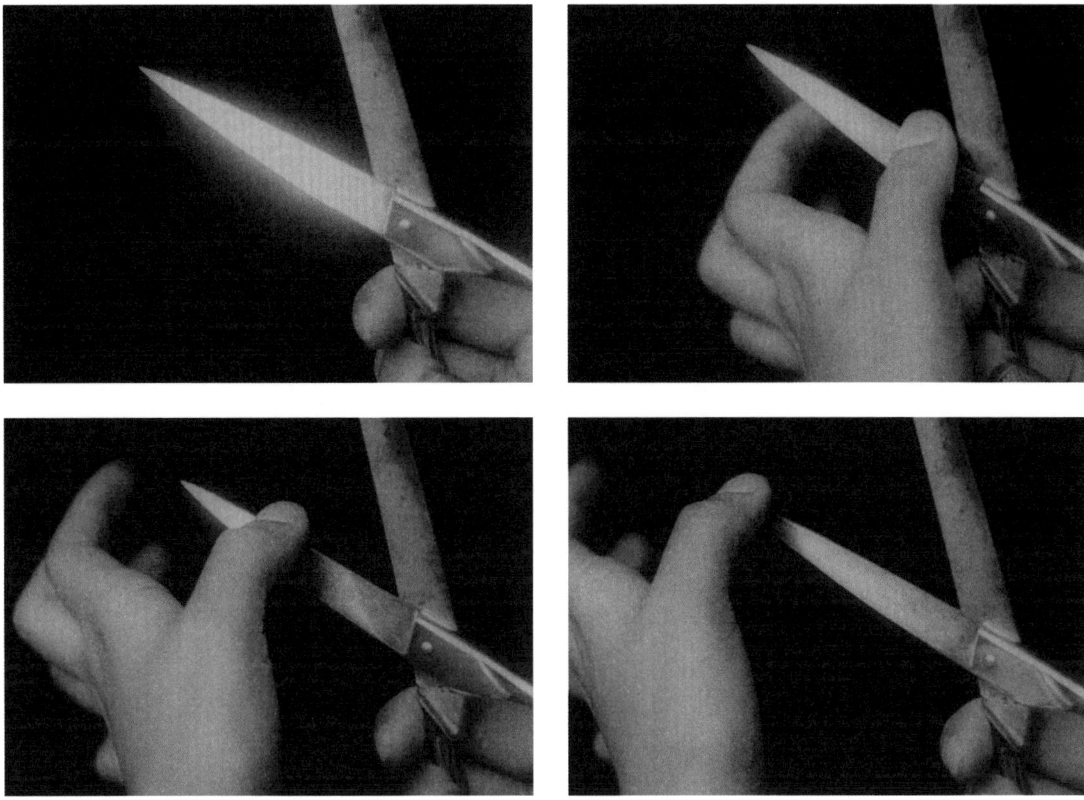

***Frames* do filme**
Limite
Mangaratiba, RJ, 1931
Direção: Mário Peixoto (Rio de Janeiro, RJ, 1908-1992)
Fotografia: Edgar Brasil (Hamburgo, Alemanha, 1903 - Cruzeiro, RJ, 1954)

devaneios visuais semelhantes àqueles que o filme oferece ao público. Em *Limite*, a câmera em primeiríssimo plano, atenta à materialidade dos objetos, parece afirmar que apenas a experiência concreta com as coisas do mundo pode dar sentido à própria existência. A fotografia diz respeito ao sentimento de extrema solidão, próprio da modernidade.

Mário Peixoto era tataraneto e herdeiro de Joaquim José de Sousa Breves, conhecido como o "Rei do café" do período imperial, dono de 20 fazendas no sul do estado do Rio de Janeiro e um dos mais ativos traficantes de escravizados da época. Apesar da crise de 1929, a família continuou rica e influente por várias décadas. Ainda que se discorde de Glauber Rocha, para quem *Limite* se resumia a um "produto de intelectual decadente",[13] de um ponto de vista sociológico, não é possível desvincular o filme da história da escravidão. *Moderna pelo avesso: fotografia e cidade, Brasil, 1890-1930* pretendeu ser um ensaio visual sobre as contradições da ideia de modernidade num lugar em que a população se acostumou a normalizar dicotomias extremas e a conviver com realidades paralelas. A exposição aponta para a persistência de semelhanças incômodas entre o passado e o presente do país que pensou ter um futuro brilhante.

13>
ROCHA, Glauber. "Limite". *In:* LABAKI, Amir (org.). *Folha conta 100 anos de cinema*. São Paulo: Imago Editora, 1995, p. 29.

VERSO, REVERSO E INVERSO DA IMAGEM

Renata Marquez

Renata Marquez é professora da Escola de Arquitetura e Design da Universidade Federal de Minas Gerais, curadora e editora da revista *PISEAGRAMA*.

Joaquim Insley Pacheco (Cabeceiras de Basto, Portugal, c. 1830 - Rio de Janeiro, RJ, 1912) ***Pedro II: Imperador do Brasil*****, 1883, Acervo Fundação Biblioteca Nacional – Brasil**

"Nós não somos invasores. Foi a cidade que chegou ao quilombo. Somos anteriores à chegada da cidade." Com este relato, Luzia Sidônio,[1] uma das matriarcas do Quilombo de Luízes, *onde está* Belo Horizonte, desmonta o regime moderno de visibilidades que funda as nossas cidades há 522 anos. As imagens compõem, desde sempre, o léxico documental que converte invasão em descoberta; destruição em fundação; presente vívido em passado. Inicialmente, esse léxico operava por meio das imagens pictóricas e, a partir da metade do século XIX, passa a operar também por meio da fotografia e do cinema. Se as palavras irrefutáveis de Luzia Sidônio podem ainda soar surpreendentes, isso se dá pela eficácia flagrante da lógica e da logística que sustentam o regime visual moderno.

No ano de 1883, dom Pedro II posou para um retrato, dentre tantos nos quais figurou como fotografado ou como fotógrafo. Pouco tempo depois de a invenção técnica da fotografia ter sido anunciada em Paris, em 1839, o monarca já era o primeiro brasileiro a possuir um daguerreótipo e, antes de deixar o Brasil em 1889, com o início da República, consta que doou cerca de 25 mil fotografias de seu acervo à Biblioteca Nacional. No retrato captado em estúdio por Insley Pacheco, dom Pedro está sentado ao centro, rodeado por um delicado arranjo de folhagens e troncos tropicais. Os dois ícones da cena – imperador e natureza – compartilham o mesmo plano fotográfico, em vez de serem distribuídos, hierarquicamente, como figura *versus* fundo. O que o historiador ambiental José Augusto Pádua[2] chamou de "dupla idealização da natureza e da ordem política, que se fortaleciam mutuamente" baseia-se em um acordo assimétrico, dissensual, violento e catastrófico entre os dois ícones – *cosmos* e *pólis* – que desenhou a aposta civilizatória, ainda em curso, da história do Brasil. Uma aposta calcada "ao mesmo tempo no elogio retórico e no desprezo prático" à terra e aos seus seres. O elogio retórico das eternas imagens de um país tropical dotado de infinita fartura e diversidade natural *versus* as práticas devastadoras, extrativistas, garimpeiras, mineradoras, agrotóxicas, monoculturais e segregacionistas "para gastar e arruinar, não para proteger ciosamente", dizia Sérgio Buarque de Holanda.[3]

"Apesar de tudo, ainda resistimos a pensar as cidades como ruínas florestais", nas palavras do arquiteto Wellington Cançado.[4] O que pode acontecer se tentarmos olhar para as imagens históricas de nossas cidades como imagens de vidas florestais, vidas indígenas, vidas quilombolas, vidas mais que humanas arruinadas? Se tentarmos aprender com os mateiros e as mateiras, sertanistas, indigenistas e indígenas que olham para as florestas; aprender

1>
SIDÔNIO, Luzia. Comunicação oral. Aula ministrada no curso *Políticas da terra*. Formação Transversal em Saberes Tradicionais, UFMG, Belo Horizonte, 11.10.2018.

2>
PÁDUA, José Augusto. "Flora e nação: um país no espelho". *In: Flora brasileira: história, arte e ciência*. Rio de Janeiro: Casa da Palavra, 2009.

3>
PÁDUA, José Augusto. "Aventura e predação". *PISEAGRAMA*, Belo Horizonte, n. 6, abr. 2013, pp. 24-29.

4>
CANÇADO. Wellington. *Live* com Ailton Krenak, Ana Maria R. Gomes, Roberto Luis Monte-Mór e Wellington Cançado. *O potencial urbano da floresta e o devir selvagem da cidade*. Programa CALAS/IEAT, UFMG, Belo Horizonte, 25.10.2021. Disponível em: https://www.youtube.com/watch?v=Wb1k6EwaoBQ&t=369s

com investigadores e investigadoras da ecologia histórica que mapeiam “biofatos e ecofatos”,[5] rastros no território em companhia da floresta e daquelas humanas, humanos e não humanos que *haviam passado antes* por ali? O que acontecerá se nosso olhar desobedecer à alfabetização visual moderna para ser capaz de perceber as cicatrizes das montanhas deslocadas, dos rios sepultados, das matas derrubadas, dos bairros destruídos, das comunidades afastadas, das florestas asfaltadas?

Acessar o *excesso* que as imagens de cidade contêm – a informação subterrânea dos seus fatos fotográficos, os dados subcutâneos de sua superfície – é recompor o encontro fotográfico para redefini-lo como encruzilhada entre a pólis e a terra. Olhar de *outros* modos as *mesmas* imagens significa imaginar diferentes formas de vida, agora. Afinal, não existe cosmopolítica sem cosmovisão e “cosmovisão não é uma mística, cosmovisão é materialidade”, como nos ensina Ailton Krenak.[6]

“O que é a cidade? É o contrário de mata. O contrário de natureza. A cidade é um território exclusivamente para os humanos. Os humanos excluíram todas as possibilidades de outras vidas na cidade. Qualquer outra vida que tenta existir na cidade não consegue. Se existe, é graças à força do orgânico, mas não porque os humanos queiram.” Assim o pensador e liderança quilombola do Piauí Antônio Bispo dos Santos[7] definiu a cidade. No gesto contínuo de uma “guerra das denominações”, Bispo nomeia com precisão a doença herdada pelos modernos construtores de cidades: *cosmofobia*. A ética do elogio retórico que não coincide com o desprezo prático à terra alcança o viés traumático e o efeito patológico de um terror. Se herdamos a originária separação ocidental entre cosmos e pólis selada na expulsão do Jardim do Éden, como explica Bispo, construímos nossas cidades para nos proteger de tudo aquilo que ela não comporta, que dela vaza. Um vasto cosmos que excede a cidade – plantas, pedras, águas, animais, pessoas humanas e não humanas – é mantido, a todo custo, do lado de fora. Incansáveis fluxos de energia são gastos para dominar grupos de não humanos, mas também para afastar numerosos grupos de humanos para as margens, para a periferia, para bem longe da cidade e de sua história fotogênica.

As cenas das muitas destruições, expulsões, demolições e remodelamentos das paisagens do início da República no Brasil pertencem à “tendência monocultural de ocultar aquele lugar e fazer tudo virar cidade”, como detectou Krenak.[8] Compõem o regime moderno de visibilidade

5>
ALVES, Daniel Rocha Cangussu. *Manual indigenista mateiro: princípios de botânica e arqueologia aplicados ao monitoramento e proteção dos territórios dos povos indígenas isolados na Amazônia*. Dissertação de mestrado, profissional em gestão de áreas protegidas na Amazônia, Inpa, Manaus, 2021.

6>
KRENAK, Ailton. Comunicação oral. Programa CALAS/IEAT, UFMG, Belo Horizonte, 25.01.2021.

7>
SANTOS, Antônio Bispo dos. Comunicação oral. *PISEAGRAMA*, Belo Horizonte, 03.08.2021.

8>
KRENAK, Ailton. “Saiam desse pesadelo de concreto!”. *In:* MOULIN, Gabriela, MARQUEZ, Renata, ANDRÉS, Roberto e CANÇADO, Wellington. *Habitar o Antropoceno*. Belo Horizonte: bdmg Cultural/Cosmópolis, 2022.

9
BRASIL, André. "Ver por meio do invisível: o cinema como tradução xamânica". *Novos Estudos Cebrap*, São Paulo, v. 35.03, nov. 2016, pp. 125-146.

10>
AZOULAY, Ariella Aïsha. *Potential History: Unlearning Imperialism.* Londres/Nova York: Verso, 2019.

11>
WAGNER, Roy. *A invenção da cultura.* São Paulo: Cosac Naify, 2012.

cuja pedagogia monocultural é tão eficaz que tais imagens nos parecem tragicamente familiares. *Tragicamente* porque somos incapazes de enxergar a violência e o terror da ocultação que, igualmente, compõem a fotografia para além do ícone estampado e celebratório do progresso. Um misto de ilusório pertencimento e flagrante desterro caracterizam a experiência do *novo* mediada pelas reincidentes imagens de obras públicas. De fato, fazemos cidades do mesmo modo há milênios: "Por que um arquiteto no século XXI tem que repetir o mesmo vocabulário que alguém usou há 3,4 mil anos para fazer isso que chamamos de cidade?", pergunta Krenak. "Arquitetos e urbanistas, acordai-vos! Saiam desse pesadelo de concreto! A vida é uma dança cósmica, não pode ser reduzida a uma coreografia miserável de caixinhas."

Se a *performance* imagética e sua logística moderna não apenas exibem, mas fabricam um mundo específico, o conluio originário entre urbanismo e fotografia segue criando cidades onde não queremos e não mais podemos viver, cidades que não convidaram para o seu quadro fotográfico *aqueles e aquelas que haviam chegado antes.* Se a multiplicidade cosmológica, orgânica e resistente da vida às margens do quadro mostra que a modernidade certamente tem um avesso que a excede, como rever afinal a sua fotogenia para acessar o seu extracampo, "aquilo que não está visível em cena, mas que nela incide", como escreveu André Brasil?[9]

A "informação excedida", a "corrente subterrânea de dados fotográficos" põem em crise não apenas o conteúdo e o tema registrados em seus descritores, suas fichas e legendas, mas indagam a posição, o privilégio e o papel dos espectadores. A pesquisadora palestina Ariella Azoulay[10] nos convida a desaprender a história técnica da fotografia e a ensaiar, coletivamente, uma história potencial na qual a fotografia é um evento que se dá pelo menos em dois encontros: na captura e na visualização. "Esse evento é um convite a outro evento – a visualização da fotografia, sua leitura, a participação na produção de seu sentido. A potencialidade de visualizações futuras é outro evento fotográfico, o que torna a fotografia relevante à escrita de uma história política potencial."

Acessar o *excesso* fotográfico implica vasculhar simultaneamente o seu verso, o seu reverso e o seu inverso. Demanda descrever as imagens olhando-as "com um lápis ou com tesouras", como propõe Azoulay. No verso das imagens, urge reescrever as legendas. Em seu olhar reverso, urge convocar aquelas e aqueles anônimos que haviam sido congelados no tempo do instante fotográfico, como nos ensina a antropologia reversa de Roy Wagner.[11] Em seu caminho inverso, urge rebobinar a história e participar da fotografia como um evento ininterrupto que segue seu curso, nos encontra e nos intima – agora. "A colaboração é o grau zero do evento fotográfico, pois a fotografia sempre envolve um encontro entre vários protagonistas em que o fotógrafo não pode, *a priori*, reivindicar o monopólio de conhecimento, autoria, propriedade e direitos", completa Azoulay.[12]

Se a t(T)erra para gastar e arruinar provocou a era geológica que recebeu o polêmico nome de Antropoceno, cúmulo e acúmulo do exclusivismo humano *versus* o cosmos, a antropóloga peruana Marisol de La Cadena[13] nos fala de um Antropo-cego. Há a *pólis* e o *cosmos*, apartados pela moderna divisão entre cultura e natureza, mas há também comunidades de humanos onde essa divisão nunca operou. La Cadena nomeia esses modos cósmicos de vida como antropos *desobediente,* majoritariamente composto por aqueles que *haviam chegado antes* da cidade e que compõem o mundo com outros que não apenas os humanos.

Diante de seus opositores cosmofóbicos, chamados por ela de antropos *ereto* (os heróis modernos), os humanos *desobedientes* presentificam o cosmos no cotidiano partilhado e, também, nos conflitos por terra e nos debates políticos que acompanham a cidade desde sempre. O antropos *desobediente* sinaliza que "há algo mais em jogo", cria uma condição que "perturba, embora não substitua, a ideia do mundo como terreno compartilhado". Instala-se ali um processo no qual o excesso das vidas heterogêneas é forçado a caber na cidade, mas continua excedendo-a.

Há uma incomunicabilidade fundante no encontro e nos possíveis diálogos entre os dois grupos de humanos. "A terra não nos pertencia, nós é que pertencíamos à terra. Não dizíamos *aquela terra é minha* e, sim, *nós somos daquela terra*. Havia entre nós a compreensão de que a terra é viva", escreveu Bispo.[14] Se as palavras *terra* ou *território* podem significar coisas distintas de acordo com a comunidade que as pronuncia, há igualmente uma invisibilidade correspondente operante nas imagens de cidade. O Antropo-cego reúne histórias e imagens de encontros entre comunidades antagônicas nas quais se evidenciam presenças desobedientes que o antropos ereto *não se importa em ver*.

Considerados entraves e empecilhos à cidade moderna, embora sejam os reais construtores e as reais cuidadoras e mantenedoras da cidade, aqueles e aquelas que *haviam chegado antes* e que aos olhos dos governantes estavam *no meio do caminho* também foram, eventual e rapidamente, capturados e capturadas pela câmera fotográfica. Ao olhar para os arquivos fotográficos e filmográficos da "cidade brasileira" no esforço experimental de revelar o seu avesso, poderíamos colocar em operação, pensando com La Cadena, o Urbano-cego:

12>
AZOULAY, Ariella Aïsha. "Photography Consists of Collaboration: Susan Meiselas, Wendy Ewald, and Ariella Azoulay". *Camera Obscura Feminism Culture and Media Studies*, Durham, v. 31, n, 1, jan. 2016, pp. 187-201.

13>
LA CADENA, Marisol de. "Natureza incomum: histórias do antropo-cego". *Revista do Instituto de Estudos Brasileiros*, São Paulo, n. 69, abr. 2018, pp. 95-117.

14>
SANTOS, Antônio Bispo dos. "Somos da terra". *PISEAGRAMA*, Belo Horizonte, n. 12, ago. 2018, pp. 44-51.

Raimundo Alves Pinto (Senhora do Porto, MG, 1872 - Recife, PE, 1928)
***Residência de uma "papuda"*,**
Curral del Rey (atual Belo Horizonte), MG. 1894-1896, Arquivo Público Mineiro/Fundo Secretaria de Agricultura, Comissão Construtora da Nova Capital

olhar para as imagens de cidade como testemunhas das forças implicadas em caber e não caber na pólis, evidências de encontros decisivos que fizeram e fazem a cidade titubear.

Belo Horizonte é uma das primeiras cidades planejadas do Brasil, projetada pela Comissão Construtora da Nova Capital, conduzida pelo engenheiro Aarão Reis e inaugurada em dezembro de 1897, ainda com o nome Cidade de Minas. No século anterior, *antes de a cidade chegar*, era conhecida por Curral del Rey. A arte *photographica* de seus *pioneiros* movimentava imaginários e investimentos econômicos. O Gabinete Fotográfico da Comissão Construtora da Nova Capital foi criado três anos antes de a nova capital ser inaugurada. Apostando no papel social da imagem fotográfica, a CCNC produziu milhares de fotografias que foram inseridas em circuitos nacionais e internacionais. A fabricação de tal memória positivista, entretanto, não escondeu a violência da apropriação e da espoliação dos mundos preexistentes.

Residência de uma papuda, Rancho velho da papuda, Cafua de uma papuda, Cafua que existiu na rua de Santana são legendas de uma série de fotografias feitas pelo Gabinete Fotográfico da CCNC nas quais aparecem mulheres que posam junto às fachadas de suas casas. As fotografias, que eram as primeiras da futura cidade, seriam as últimas imagens de um povoado que heroicamente daria lugar a mais uma "capital para a República". O heroísmo é compartilhado de modo falacioso com milhares de anônimos e anônimas que contribuem com a vida para a sua própria erradicação. Assim, o obturador velozmente abriu e fechou, nos últimos anos do século XIX, para colocar as *papudas* diretamente nas gavetas do Arquivo Público Mineiro. Acreditava-se que, uma vez que seus registros fossem feitos, elas viveriam na imagem, mas desapareceriam definitivamente da paisagem.

A pesquisadora Priscila Musa[15] olhou, uma a uma, cerca de 100 mil fotografias guardadas nos arquivos públicos de Belo Horizonte: "Busquei as imagens de pessoas, grupos, coletivos e movimentos sociais que conformaram a resistência e a resiliência primeira ao aniquilamento do pequeno Curral del Rey, depois à imponente urbanização da cidade, às grandes obras – à edificação de seus ordenados arruamentos e majestosos edifícios e monumentos, depois os ciclos repetidos de renovação e a sua evidente negação a tantas formas de existir. A resistência de vida, como o casebre de pau a pique do que foi chamado *Rancho da papuda,* o lugar de vida de Maria, uma das mulheres negras do Arraial Del Rei, atropelado pelo palácio da Liberdade."

No inverso fotográfico, no estiramento do evento fotográfico que não se encerrou em 1894, há tempo para perguntas e para fabulações; há sobretudo testemunhas para escrever outras legendas, como nos propõe Priscila Musa: "É preciso olhar para essa foto até que possamos enxergá-la sem as inscrições de um passado. Retirar da ponta dos olhos a visibilidade hostil que a imprensa de Ouro Preto criou contra a mudança da capital ao apelidar o Curral del Rey de Papudópolis, acusando-o de sediar uma endemia de bócio. Retirar da ponta dos olhos o depoimento segregacionista feito pelo dr. José Pedro Drummond que, em defesa da localidade como futura capital, relatou ao congresso 'ter encontrado apenas quatro indivíduos com bócio, sendo dois deles mulheres e estas lhe pediram esmola'. Retirar da ponta dos olhos a mortalha que aponta Maria como o fantasma da Papuda, acusada pejorativamente de feiticeira, que em retaliação pela remoção forçada, amaldiçoara Belo Horizonte, vagava pelo palácio da Liberdade e teria assistido à morte de quatro governadores, dois deles no próprio palácio. Retirar da ponta dos olhos a ideia de que esta fotografia é a memória de um passado decadente a ser superado pela cidade do progresso."[16]

15>
MUSA, Priscila Mesquita. *Quem vê cara não vê ancestralidade: arquivos fotográficos e memórias insurgentes de Belo Horizonte*. Tese de doutorado, Escola de Arquitetura, UFMG, Belo Horizonte, 2022.

16>
Ibidem.

17>
PEREIRA, Josemeire Alves. *Para além do horizonte planejado: racismo e produção do espaço urbano em Belo Horizonte (séculos XIX e XX)*. Tese de doutorado, Instituto de Filosofia e Ciências Humanas, Unicamp, Campinas, 2019.

18>
Ibidem.

Autoria não identificada
Rancho velho da "papuda"**, Curral del Rey (atual Belo Horizonte), MG, 1894-1896**
Arquivo Público Mineiro/Fundo Secretaria de Agricultura, Comissão Construtora da Nova Capital

A população do Curral del Rey era em sua maioria negra ao longo do século XIX e no início do século XX, quando a cidade já havia sido inaugurada, como conta a historiadora Josemeire Alves Pereira.[17] A casa em que Maria morava, similar às "inúmeras cafuas que faziam parte da paisagem do Curral del Rey e que foram insistentemente destruídas pela Comissão Construtora, apresenta elementos de arquitetura de origens africanas, mais particularmente das culturas praticadas pelos povos de língua bantu", ressalta. Diante de "elementos tão vívidos", "como é possível ignorar, nas narrativas convencionais, a invisibilidade da africanidade dessa mulher, que passou a ser descrita como um 'fantasma', ou seja, na dimensão do não humano?".

Os famosos retratos da *papuda*, folclorizados como os de uma *feiticeira*, uma *mulher fantasma*, são prova da cosmofobia que assombra a historiografia oficial e que mantém um insistente "silêncio acerca da existência e agência da população de africanas/os, pretas/os, pardas/os (estas/es últimas/os também classificadas/os em diferentes épocas como mulatas/os, mestiças/os)".[18] Um embranquecimento das narrativas que ocorreu igualmente em outras cidades brasileiras, como Recife, Porto Alegre, São Paulo e Rio de Janeiro, nas quais, embora o silêncio atuasse como

19> AZOULAY, Ariella Aïsha. *Potential History*. *Op. cit.*

empreendimento de ocultação de existências e de suas potências de contraposição ao projeto moderno, essa população moldou e segue moldando ativamente o mundo à sua volta, como registra Josemeire Alves Pereira.

Para além das moradoras do arraial e das trabalhadoras e dos trabalhadores anônimos da nova cidade, o trabalho infantil é registrado em numerosas fotografias e filmes que retratam as novas infraestruturas do início do século XX. “Uma chusma de meninos é empregada para levar as telhas, logo que saem da máquina, para os secadores”, diz a legenda do filme de Igino Bonfioli, produzido em 1920 na Cerâmica Horizontina. O *braço humano* essencial à aposta civilizatória brasileira também é composto por muitas mãos pequenas. Os meninos *que não cabem* ali encaram a câmera, são os únicos que ainda têm tempo ou coragem de fazê-lo. Seus olhos distraídos varrem o espaço à sua volta, olham para os lados, buscando uma saída da cena, fugindo com os olhos do gesto maquínico que foram obrigados a aprender, fugindo com os olhos daquela cidade de cerâmica de onde não podem simplesmente correr.

São muitos os meninos – assim como são muitas as telhas necessárias – que secam enfileiradas no pátio da fábrica. Eles olham para a câmera com o seu olhar *desobediente*. Ao saírem da fábrica, sorriem uns para os outros e para nós, cavando a beleza e a fantasia da infância naquela considerada “uma das mais bem montadas cerâmicas de Minas Gerais” e mirando um mundo para além daquele, situado talvez do outro lado das lentes do *homem com uma câmera*.

Assim, os meninos fogem da exemplar fábrica construtora da cidade com o homem da câmera, sem que ele possa perceber: os olhares dos pequenos operários são lançados como uma flecha no tempo, nos atingindo hoje. A dupla dimensão do encontro fotossensível – técnico, mas atemporal – desordena a linearidade da história e nos desafia a imaginar “o que *poderia ter acontecido*, o que *poderia ter sido evitado*, aquilo que *não deveria* ter sido possível, *nunca poderia* ter sido possível, *não deveria* ter acontecido”, nas palavras de Azoulay.[19] A tecnologia ancestral e a cosmovisão certeira das flechas reversas lançadas pelas imagens revelam que, se fábricas construtoras de cidades seguem enfileirando meninos e telhas, residências como a de Maria, contudo, tampouco desapareceram. Casas de barro resistem à insaciável terraplanagem, ancoradas no saber construtivo transmitido de geração a geração – só a cidade é que *não se importa em ver*.

FOTOGRAFAR E FILMAR NO CINEMA BRASILEIRO SILENCIOSO

Eduardo Morettin

1> PRZYBLYSKI, Jeannene. "Imagens (co)moventes: fotografia, narrativa e a Comuna de Paris de 1871". *In:* CHARNEY, Leo e SCHWARTZ, Vanessa (orgs.). *O cinema e a invenção da vida moderna*. São Paulo: Cosac Naify, 2001, p. 379. A autora se refere no original, tendo em vista o contexto examinado, à fotografia, não ao cinema.

2> CHARNEY, Leo e SCHWARTZ, Vanessa. "Introdução". *In: Ibidem*, p. 20.

Eduardo Morettin é professor da USP, autor de *Humberto Mauro, cinema, história* (Alameda Editorial, 2013) e bolsista PQ/CNPq.

Aproximar o cinema da fotografia, como a presente mostra sugere, permite valorizar a dimensão que envolve o aspecto iconográfico de um filme, ou seja, o seu diálogo com outros suportes de veiculação de imagem que lhe são contemporâneos e que ajudam a compor o leque de opções que o contexto sociocultural oferece, ressalvado o estatuto que o objeto da análise (o filme) tem dentro de tal sistema de representações de um determinado período. Nesse sentido, como observa a historiadora Jeannene Przyblyski, que estudou as convenções narrativas estabelecidas pelo registro fotográfico de eventos históricos, examinando os registros de Eugène Appert sobre a Comuna de Paris, trata-se de compreender a "matriz de estruturas representacionais, já existentes e somente sonhadas, que [*o cinema*] anexa, comprime, desloca e absorve".[1]

Como nos dizem Leo Charney e Vanessa Schwartz, dentro da cultura da modernidade surgida no século XIX, "o cinema formou um cadinho para ideias, técnicas e estratégias de representação já presentes em outros lugares".[2] Nesse contexto, marcado pelo avanço científico e pelo surgimento de novos dispositivos que promoviam por meio da velocidade mudanças significativas na apreensão visual e sensorial do espaço e tempo no campo do entretenimento, o cinema se consolida nas primeiras décadas do século XX como meio de comunicação de massa. Se, nesse processo, a fotografia ocupou lugar central nos Estados Unidos e na Europa, principalmente se considerarmos a importância da comercialização de cartões-postais e de imagens estereoscópicas, dentre outros produtos, no Brasil o ponto de ligação entre as duas atividades passava pela formação e pela origem social de muitos dos que se envolveram com o fazer filmes no período, como veremos.

As mais antigas imagens em movimento preservadas pertencem ao final do XIX e registram o que seria, a princípio, a paisagem carioca. Elas estabelecem já nesse momento as conexões entre o novo dispositivo visual recém-inventado, o cinema, e a cultura visual à qual ele se vinculava.[3] Em 27 de novembro de 1897, o médico, advogado, bicheiro e empresário teatral José Roberto da Cunha Salles, registra a patente de um invento denominado "fotografias vivas". Como anexo comprobatório à solicitação, hoje disponível para consulta na série Privilégios Industriais, depositada no Arquivo Nacional, no Rio de Janeiro, dois fragmentos de filmes, 24 fotogramas no total, correspondendo a pouco mais de um segundo de projeção de imagens. Nelas, vemos as ondas de uma praia se chocando contra um pequeno píer.[4] Certamente, objeções podem ser feitas a respeito da origem do material, uma vez que não seria difícil imaginar Cunha Salles incorporando ao processo cenas registradas por outro cinegrafista em outras praias. O interesse pelo mar, por exemplo, pode ser atestado por um pequeno filme como *Rough Sea at Dover* (1895), do inglês Birt Acres. O espocar das ondas provavelmente atraía os cinegrafistas que procuravam demonstrar a superioridade técnica de seu aparelho por meio da reprodução mais nítida possível do movimento das águas, aspecto que em si provocava à época o maravilhamento do público, interessado no efeito que nem a fotografia nem a lanterna mágica poderiam provocar. Nesse sentido, a atribuição de "vivas" designa o resultado atingido pela nova máquina, suscitando a curiosidade de pessoas cada vez mais ávidas pelo consumo desse tipo de diversão.

Antes de avançar sobre esse ponto, gostaria de situar o leitor sobre algumas características da trajetória percorrida pelo cinema nas primeiras décadas do século passado. Em primeiro lugar, são inúmeras as dificuldades em se trabalhar com o cinema silencioso brasileiro, sendo a maior delas referente à perda da maior parte dos filmes realizados no Brasil. De acordo com Carlos Roberto de Souza, a estimativa é que menos de dez por cento da produção nacional do cinema silencioso, ou seja, das primeiras iniciativas acima relatadas até o início da década de 1930, tenha sobrevivido à ação do tempo.[5]

No que diz respeito à essa produção cinematográfica, Paulo Emílio Salles Gomes já apontava no final dos anos 1970 que o filme de enredo era exceção, sendo a "continuidade do cinema brasileiro assegurada quase exclusivamente pelo documental".[6]

3>
SOUZA, José Inacio de Melo. "Descoberto o primeiro filme brasileiro". *Revista USP*, n. 19, set./out./nov. 1993, pp. 171-173.

4>
Estes fotogramas podem ser vistos no experimental *Remanescências* (1997), do cineasta Carlos Adriano. Discuti a questão das primeiras imagens do cinema brasileiro em "Cinema brasileiro – 27 de novembro de 1897". *In:* BITTENCOURT, Circe (org.). *Dicionário de datas da História do Brasil*. São Paulo: Contexto, 2007, pp. 279-282.

5>
SOUZA, Carlos Roberto. "Estratégias de sobrevivência". *In:* PAIVA, Samuel e SCHVARZMAN, Sheila (orgs.). *Viagem ao cinema silencioso do Brasil*. Rio de Janeiro: Beco do Azougue, 2011, p. 17. Ver também: MORETTIN, Eduardo. "Acervos cinematográficos e pesquisa histórica: questões de método". *Esboços*, v. 21, n. 31, ago. 2014, pp. 50-67.

6>
GOMES, Paulo Emílio Salles. "A expressão social dos filmes documentais no cinema mudo brasileiro (1898-1930)". *In:* CALIL, Carlos Augusto e MACHADO, Maria Tereza (orgs.). *Paulo Emílio: um intelectual na linha de frente*. São Paulo/Rio de Janeiro: Brasiliense/Embrafilme, 1986, p. 324.

Em relação aos temas, raros eram os cinegrafistas que se interessavam pelos operários e seus movimentos associativos, sendo único, neste aspecto, o registro da reunião de trabalhadores em São Paulo, que mostraria, conforme consta das notícias que relataram as filmagens, a ida em romaria ao túmulo do socialista Polinice Mattei, assassinado em 1898. Mesmo quando os trabalhadores são mostrados, figuram nos filmes como coadjuvantes das máquinas, a quem cabe exaltação.

Impressiona hoje perceber a quantidade de crianças e adolescentes no espaço fabril, como vemos em *Cerâmica Horizontina* (1920), de Igino Bonfioli,[7] ou *Companhia Fabril de Cubatão* (1922), de João de Sá Rocha, este último feito para ser projetado na Exposição Internacional do Centenário da Independência do Brasil, ocorrida entre 1922 e 1923 na cidade do Rio de Janeiro. Ao lado das máquinas e dos fornos, realizam pequenos trabalhos com naturalidade. Trata-se de demonstrar que não há razões para questionar sua presença no interior da fábrica, dado que as imagens representariam documentos vivos das "boas" condições de trabalho. Certamente, o diálogo implícito e não assumido diretamente é com o movimento operário e suas críticas à exploração de menores pelos industriais.[8]

A expressiva maioria dos naturais, como eram chamados os documentários, nessas primeiras décadas versava sobre dois grandes temas, consagrados por Paulo Emílio Salles Gomes ao examinar a produção de documentários no período silencioso. São eles: os rituais de poder e o berço esplêndido.[9] No primeiro, temos o registro das atividades das elites políticas e econômicas que, afinal das contas, pagavam pelos filmes. São presidentes, governadores, prefeitos, fazendeiros e industriais que aparecem em inaugurações, visitas, banquetes, comícios e cerimônias cívicas. No segundo grupo, temos imagens das belezas naturais do Brasil, dentro de um discurso que procurava salientar o trabalho civilizatório exercido por nossas elites diante da natureza exuberante, tema das artes visuais do oitocentos. Neste último campo podem ser inseridos inúmeros filmes, como *Veneza Americana* (1925),[10] de Hugo Falângola e J. Cambieri, uma das obras financiadas pelo governador de Pernambuco, Sérgio Loreto.[11]

Um documentário desse período geralmente associado ao binômio modernismo/modernidade é *São Paulo, sinfonia da metrópole* (1929), de Adalberto Kemeny

7>
Ver p. 124.

8>
Cabe lembrar, a título de exemplo, que o Comitê de Defesa Proletária, formado em São Paulo no decorrer da greve geral de 1917, tinha entre os seus pontos de ação a proibição do trabalho de menores de 14 anos. Cf. FAUSTO, Boris. *História do Brasil*. São Paulo: Edusp, 1994, p. 3

9>
GOMES, Paulo Emílio Salles Gomes. *Op. cit.*, pp. 323-330.

10>
Ver p. 81.

11>
Sobre *Veneza Americana* e sua produção, ver: ARAÚJO, Luciana. "Os encantos da Veneza Americana e da propaganda pelo cinema: os filmes financiados pelo governo Sérgio Loreto em Pernambuco (1922-1926)". *Estudos Históricos*, v. 26, n. 51, jan.-jun. 2013, pp. 94-112. A respeito da produção documental no período, ver: MORETTIN, Eduardo. "Dimensões históricas do documentário brasileiro no período silencioso". *Revista Brasileira de História*, v. 25, n. 49, jan.-jul. 2005, pp. 125-152.

e Rudolf Rex Lustig, filme que procura emular *Berlim, sinfonia de uma grande cidade* (1927), de Walter Ruttmann. Como bem aponta Rubens Machado, a verticalidade no filme paulistano é antes desejo, algo bem distante daquilo que corresponderia ao desenho arquitetônico da cidade então.[12] Tudo o que não corresponde ao ideal de trabalho dentro da ordem é em *São Paulo, sinfonia da metrópole* excluído da representação: violência urbana, miséria, movimentos sociais. Machado acredita que o entendimento de filmes desse tipo poderia ser enriquecido com o cotejo a uma produção cultural mais conservadora, próxima dos círculos do poder, como as "atas das sessões públicas dos mandatários e os 'sermões encomendados' das cerimônias oficiais, um documento subscrito pelo empresariado ou o 'Plano de Avenidas' de Prestes Maia".[13]

Filmes como *Veneza Americana* e *São Paulo, sinfonia da metrópole* indicam, cada um à sua maneira, que o cinema brasileiro daquele período procurava, a despeito de seu caráter oficial, acertar o passo em relação às mudanças configuradas pelo "surgimento de uma cultura urbana metropolitana que levou a novas formas de entretenimento e atividade de lazer".[14]

A cidade e seus eventos são, portanto, representados como espaço de celebração da modernidade em que se reproduz uma clara divisão social entre o que é objeto primeiro do olhar da câmera (teatros, hospitais e edifícios públicos identificados com o progresso e o bom gosto burguês) e aquilo que pela sua presença institui um elemento de tensão, ou seja, a figuração de elementos populares. Na observação dos monumentos e nas situações de parada militar, por exemplo, é comum que se componha o quadro de modo a ressaltar os espectadores, o estatuto de nobreza da estrutura ou evento mostrado pela sua "posição" diante do habitante da cidade. As obras de engenharia são celebradas em panorâmicas por uma câmera que fica à distância, de modo a ressaltar a magnitude da intervenção no desenho urbano.

A vida das ruas faz parte de um cenário em que é idealizada a disciplina e a ordem, salvo em situações excepcionais, como assistimos em *O triumpho da revolução brasileira* (1930), da produtora Medeiros Film, em que a câmera acompanha a chegada e o deslocamento pelas ruas de São Paulo de Miguel Costa, um dos líderes do movimento de outubro de 1930. Há tomadas em que vemos a população do alto, mas, diferentemente de outros documentários da época, a câmera está ao lado da população, deslocando-se pelo mesmo caminho e adotando o mesmo ponto de vista do cortejo popular atrás de suas lideranças. Há, de maneira geral, certo padrão de "ordem visual", em que se afirmam o senso de controle (enquadramento, movimentos) e de equilíbrio (o que se entende como o melhor ponto de vista diante de cada assunto). Temos um modo de buscar o efeito de

12>
MACHADO, Rubens. *São Paulo em movimento: a representação cinematográfica da metrópole nos anos 20*. Dissertação de mestrado, Universidade de São Paulo, 1989, pp. 45-46, 62-63.

13>
Ibidem, p. 103.

14>
CHARNEY, Leo e SCHWARTZ, Vanessa. *Op. cit.*, p. 22.

sentido diante do espaço urbano, seus monumentos e festas cívicas, seja no olhar dirigido ao espaço público ou mesmo quando se trata de filmes da vida privada.

No caso destes últimos, sobreviveram diversos registros que poderíamos classificar como familiares, sendo *Reminiscências* (1909-1920), de Aristides Junqueira, um de seus exemplos.[15] Trata-se de extensa produção realizada às margens do circuito exibidor e que dialoga diretamente com a cidade e seus lugares. São imagens em movimento realizadas pelos *amateurs*, filmes pouquíssimo conhecidos em razão da falta de documentação e/ou de acesso a esses materiais em acervos públicos e privados. Exceções, por exemplo, são as coleções de Paschoal Nardone depositada no Arquivo Geral da Cidade do Rio de Janeiro,[16] e de Alberto de Sampaio, recentemente exposta no Instituto Tomie Ohtake em São Paulo.[17] Integra esse filão Aristides Junqueira, em Belo Horizonte, coletor de impostos federais, que se dedica primeiro à fotografia e passa depois a realizar filmes, sendo *Reminiscências* o único de sua extensa produção cinematográfica que sobreviveu à ação do tempo.[18]

O caminho trilhado por Junqueira, da fotografia ao cinema, foi muito usual entre os cinegrafistas do período silencioso, como atestam os casos, dentre outros, de Alfredo Musso, Gilberto Rossi, Pedro Comello, Igino Bonfioli e Silvino Santos, imigrantes que, respectivamente, estabeleceram-se profissionalmente nas cidades do Rio de Janeiro, São Paulo, Cataguases (MG), Belo Horizonte e Manaus. Nos filmes desses diretores e/ou fotógrafos que sobreviveram percebe-se, como indicamos acima, a busca pelo atributo artístico próximo à composição acadêmica, sendo o termo aqui entendido em seu sentido mais simples, ligado a uma certa ideia esquemática de belo e de "bom gosto"[19] ou mesmo da convenção de gêneros já instituídos, como o recurso à contraluz e ao emprego das sombras por Bonfioli em *Tormenta* (1930)[20] a fim de construir o suspense e de espelhar no cenário os dilemas sofridos pela personagem principal, preocupada em vingar a morte de seu pai.

Nesse sentido, não raro os documentários desse período trabalhavam muito colados à perspectiva de documentação próxima dos registros fotográficos oficiais, destinados à publicidade das atividades de uma cidade, região ou estado, dentro do que observou Rubens Machado acima

15>
Ver p. 63.

16>
Sobre esta coleção ver: FOSTER, Lila e LEÃO, Roberto Souza. "A presença da Pathé-Baby no Rio de Janeiro e a coleção Paschoal Nardone no acervo do AGCRJ". *Revista do Arquivo Geral da Cidade do Rio de Janeiro*, n. 9, 2015, pp. 327-340. Ver também: "O Rio preservado para sempre". Disponível em: www.rio.rj.gov.br/web/portaldoservidor/exibeconteudo?id=5335950. Acesso em: 31.07.2022.

17>
Alberto de Sampaio era fotógrafo amador, dedicando-se excepcionalmente ao cinema. Ver: PEREIRA, Adriana Martins. *Lentes da memória: a descoberta da fotografia de Alberto de Sampaio (1888-1930)*. Rio de Janeiro: Bazar do Tempo, 2016.

18>
Sobre sua trajetória e, em particular, *Reminiscências* ver: FOSTER, Lila. *Filmes domésticos: uma abordagem a partir do acervo da Cinemateca Brasileira*. Dissertação de mestrado, Universidade Federal de São Carlos, 2010, pp. 79-88 e 105 e ss.

19>
Rubens Machado faz a mesma observação a propósito de *São Paulo, sinfonia da metrópole* (1929), de Adalberto Kemeny e Rodolpho Lustig (*op. cit.*, p. 43).

20>
Ver p. 169.

a propósito das aproximações mais profícuas a serem feitas entre filme e fontes de época. Posso evocar aqui como referência as películas realizadas para a já mencionada Exposição da Independência, como *Exposição Nacional do Centenário da Independência no Brasil em 1922* (1922), produzida pela Brasília Filme, ou *Exposição do Centenário: 1822-1922* (1922), sem indicação de autoria. Basta comparar, por exemplo, as diversas fotos de Augusto Malta com os filmes para perceber a recorrência de planos estáticos, em que o objetivo é o de documentar as obras de engenharia, o planejamento urbano e os considerados avanços arquitetônicos. Se há movimento, como o recurso à panorâmica nesses filmes, sua função é a de situar o conjunto, inserindo-se em uma tradição que remonta também ao século XIX, quando fizeram muito sucesso no Brasil e no exterior os panoramas que tinham por tema cidades, como a do Rio de Janeiro.

A obra de Silvino Santos é exemplar para entendermos esse percurso fotografia e cinema e sua relação com a cultura visual em que se formou e que precedeu sua inserção cinematográfica.[21] Português de nascimento, Silvino fixa residência definitiva no Brasil em 1910, trabalhando como pintor e fotógrafo na cidade de Manaus, que vivia ainda da riqueza gerada pelo ciclo da borracha.[22] Em 1912, é convidado pelo cônsul do Peru a fotografar os índios que habitavam a região do rio Putumayo para documentar suas condições de vida, documentação que seria utilizada pelo financiador do projeto, Julio César Arana, grande proprietário de seringais e acionista da Peruvian Amazon Rubber Company, para provar a inexistência de escravidão entre os seus empregados, denúncia esta feita na Inglaterra. Tendo ficado satisfeito com o material entregue por Silvino, o capitalista compra equipamentos cinematográficos e financia em 1913 o treinamento de Silvino nas empresas Pathé-Frères e dos irmãos Lumière, centros de referência da cinematografia internacional à época. Em seu retorno ao Brasil, o diretor realiza o filme idealizado por Arana sobre o trabalho em suas propriedades e empresas. As poucas imagens que restaram dessa iniciativa foram aproveitadas pelo diretor no curta *Índios Witotos do rio Putumayo* (1916).

Trabalhando em Manaus, o diretor passa a realizar trabalhos de caráter oficial a respeito das instituições regionais. Seu filme mais conhecido é *No país das Amazonas* (1922), idealizado para a Exposição da Independência. Verdadeiro catálogo visual dos produtos das empresas de Joaquim Gonçalves Araújo, também responsável pelo financiamento do filme, dispostos nos *stands* do Pavilhão do Amazonas, o documentário excede essa

21>
Um dos raros trabalhos a mergulhar nesse universo é a tese de doutorado de Sávio Stocco, *O cinema de Silvino Santos (1918-1922) e a representação amazônica: história, arte e sociedade* (Universidade de São Paulo, 2009). Além das artes visuais, o autor realiza extenso levantamento das conexões entre os filmes de Silvino e as imagens presentes em cartões-postais, publicidade e álbuns fotográficos. Central em sua pesquisa é o trabalho do fotógrafo alemão George Huebner, um dos fundadores em Manaus do estabelecimento Photographia Alemã.

22>
Dados biográficos de Silvino Santos podem ser obtidos em: COSTA, Selda Vale da e LOBO, Narciso. *No rastro de Silvino Santos*. Manaus: SAC/Governo do Estado, 1987. Há também os filmes de Aurelio Michiles, *O cineasta da selva* (1997), lançado em DVD em 2009, e *Segredos do Putumayo* (2022).

23>
Ver p. 171.

24>
HEFFNER, Hernani. “Brasil, Edgar (Edgar Hauschildt)”. *In:* RAMOS, Fernão e MIRANDA, Luiz Felipe (orgs.). *Enciclopédia do cinema brasileiro*. São Paulo: Editora Senac, 2000, p. 65-67.

25>
Ibidem, p. 66.

26>
Ver p. 145.

função ao trazer informações sobre o processo produtivo. Acompanhamos, por exemplo, o percurso que se inicia com a coleta de um fruto em plena floresta amazônica até a sua embarcação em um navio ancorado em um porto de Manaus para posterior encaminhamento ao mercado externo.

Distante dessa tradição é Edgar Brasil, responsável pelas imagens de *Limite* (1931), de Mário Peixoto, filme que é ponto fora da curva em relação ao que se fazia no cinema brasileiro do período.[23] De acordo com Hernani Heffner,[24] nascido Edgar Hauschildt, filho de mãe alemã e de pai ligado às elites cafeicultoras do estado do Rio de Janeiro, Brasil foi criado sozinho por sua mãe, dado que o casamento não fora realizado. Propenso à leitura e às artes, foi matriculado nos cursos livres da Escola de Belas Artes e do Instituto Nacional de Música. Com a situação financeira de sua família se agravando, ingressou como tradutor na Inspetoria de Profilaxia e das Doenças Venéreas. Lá conheceu Haroldo Mauro, irmão do diretor mineiro Humberto Mauro, que, após se desentender com Pedro Comello, procurava fotógrafo para o seu próximo filme, *Brasa dormida* (1928). Em fins de 1927, assíduo frequentador das salas de cinema no Rio de Janeiro, mas sem nunca ter manipulado uma câmera cinematográfica, mudou-se para Cataguases, demitindo-se do serviço público. Assim como Mauro, sua estadia em Cataguases se revelou formadora na apreensão dos códigos estéticos preconizados pela revista *Cinearte*, muito pautados pela admiração ao cinema norte-americano. Continuou com o diretor na produção seguinte, *Sangue mineiro* (1929). *Limite* é, portanto, o seu terceiro filme, momento de encontro com o jovem Mário Peixoto, que retornava da Europa naquele período contaminado pelo movimento de renovação cinematográfica da década anterior. Em seu primeiro trabalho como diretor, Peixoto realizou um filme singular dentro da história do cinema brasileiro, por representar o único experimento moderno desse período, obra que não encontra nas décadas anteriores nenhum ponto de contato com o que se fazia no país. A intenção aqui não é construir uma relação determinista entre formação e prática artística, mas me parece que a trajetória de Edgar Brasil explica, em parte, a “absoluta originalidade dos enquadramentos, movimentos de câmera e mesmo da composição fotográfica, sabidamente criada em conjunto com o diretor”, como afirma Heffner.[25] Distante da trajetória dos inúmeros cinegrafistas que se formaram na fotografia fixa, Brasil experimenta nesses trabalhos os limites visuais que o cinema poderia oferecer à época.

Limite, assim como *Tormenta* e *Lábios sem beijos* (1930),[26] de Mauro, primeiro filme da Cinédia,[27] produtora criada pelo jornalista e cineasta Adhemar Gonzaga em 1930, chegaram ao mercado em um momento em que o cinema sonoro já se tornara uma realidade.[28] A partir de 1927, com *O cantor de jazz* (*The Jazz Singer*), de Alan Crosland, as imagens passam a ser acompanhadas de forma sincrônica por vozes, barulhos e, principalmente, música, o que torna a relação do espectador com o que vê bem diversa da que tinha no período silencioso.

O filme de Crosland, como se sabe, trazia apenas uma sequência *in sincro*. Nela, vemos o reencontro com a família de Jackie Rabinowitz, expulso de casa por ter preferido se lançar no *show business* ao invés de seguir com o canto litúrgico, conforme o desejo de seu pai, um rabino. As primeiras falas são acompanhadas ao piano, momento em que Jackie se senta e explica para a mãe o mundo de novidades que o encantava e o sucesso que se anunciava. Sua felicidade se expressa pelos rodopios e batidas no instrumento musical que acompanham a conversa, indicando que a nova tecnologia recorria, e apelará cada vez mais, ao mix de tradições oriundas do "*vaudeville*, acompanhamento musical ao vivo para filmes silenciosos, conferências ilustradas pela exibição de películas, sons amplificados por autofalantes e rádio".[29] Nos Estados Unidos, diante dos desafios trazidos pelo som, como aponta Donald Crafton, os "realizadores capitalizaram a capacidade do cinema de sugerir uma presença *virtual*, um imaginado 'estar lá', a fim de trazer ator e ouvinte juntos para o espaço da performance filmada".[30] Nesse momento, a aproximação do cinema ao rádio, ao teatro e à música ganhará outros contornos, impactando de forma decisiva a maneira como os filmes eram feitos e recebidos.[31]

Assim, os filmes brasileiros acima referidos "chegam tarde", em descompasso com as expectativas de um público cada vez mais encantado com a experiência sonora que as salas de cinema propiciavam. Se esse descompasso revela o atraso em que se encontrava a produção nacional em relação à norte-americana, que ocupava de forma majoritária as telas de diferentes cidades brasileiras havia mais de uma década, os poucos espectadores que assistiram a *Limite* ou *Lábios sem beijos* se deparavam com formas visuais que vinham

27>
Lábios sem beijos foi lançado em novembro de 1930. *Limite* teve em sua época apenas uma projeção em sala de cinema, em maio de 1931, no Capitólio, Rio de Janeiro.

28>
O primeiro cinema a exibir filmes sonoros no Brasil foi o Paramount, em São Paulo, em abril de 1928. No Rio de Janeiro, a novidade chegou por intermédio do Palácio Teatro, da Companhia Brasil Cinematográfica, em junho de 1929. A adaptação das antigas salas à projeção sonora no país foi lenta e gradual, devido aos custos. Apenas em 1936 chegamos ao patamar de 83% de cinemas preparados para o som (ver: SOUZA, Carlos Roberto de e FREIRE, Rafael de Luna Freire, "A chegada do cinema sonoro ao Brasil". *In*: RAMOS, Fernão e SCHVARZMAN, Sheila (orgs). *Nova história do cinema brasileiro*. São Paulo: Edições Sesc, 2018, v. 1, pp. 301-303, 306-307 e 333).

29>
CRAFTON, Donald. *The Talkies: American Cinema's Transition to Sound. 1926-1931*. Coleção History of the American Cinema, v. 4. Berkeley/Los Angeles: University of California Press, 1999, p. 63

30>
Ibidem, p. 63. Grifo do autor.

31>
Sobre o impacto e a recepção de The Jazz Singer ver: *Ibidem*, pp. 516-531.

se configurando desde os anos 1910[32] e que encontram naquele momento outros desafios e conexões, trazidos, em primeiro lugar, pelo encarecimento geral dos custos de produção, que levará à diminuição da quantidade de filmes lançados por ano[33] e, posteriormente, pela aproximação ao universo musical do período, que se aproveitará "dos bastidores do teatro burlesco, das revistas, dos *shows* de cassinos e, sobretudo, do rádio para desenvolver suas histórias".[34] Nos anos 1930, o Estado intervém de forma mais decisiva no cinema, seja por intermédio de sua legislação, como a regulamentação da censura e da obrigatoriedade de inserção de um curta-metragem brasileiro antes da exibição de um longa, ações que datam de 1932, ou da produção, com a criação do Instituto Nacional de Cinema Educativo, em 1936, que terá como diretor de seus filmes Humberto Mauro, dentro de proposta estética bem diversa de sua produção anterior.[35] Nos curtas-metragens realizados pelo instituto, a perspectiva documental vocaliza de forma mais direta os projetos políticos das elites que controlavam o país, articulando por meio da voz *over* as explicações sobre as imagens a que assistíamos.

Não me parece casual, portanto, que a maior parte dos fotógrafos mencionados ao longo desse artigo tenham "encerrado" suas carreiras cinematográficas naquele período. Com isso, certa tradição visual trazida pela experiência oriunda da fotografia também não teve continuidade no cinema.[36] A exceção é Edgar Brasil, que participará ao longo das décadas seguintes das produções da Cinédia, Brasil Vita Filme, Atlântida e Vera Cruz, trabalhando com cineastas tão distintos como Luís de Barros e Alberto Cavalcanti. Sua permanência talvez possa ser explicada pelos projetos que realizou no fim dos anos 1920 e início dos anos 1930, em que vemos um fotógrafo imergir naquilo que cada filme lhe proporcionava esteticamente, imbuído por uma prática que o lançava às diferentes experiências e propostas trazidas pelo cinema brasileiro em processo contínuo de construção.[37]

32>
Sobreviveram apenas dois filmes de ficção desse período: *Os óculos do vovô* (1913), de Francisco Santos, e *Exemplo regenerador* (1919), de José Medina. Neles é possível perceber, considerando-se suas especificidades, um processo de assimilação da narrativa clássica, que se tornou hegemônica a partir da presença cada vez maior do cinema norte-americano pelo mundo e simbolizada pelo filme-monumento *O nascimento de uma nação* (*The Birth of a Nation*)], épico racista de David Griffith. Sobre as referidas especificidades de *Óculos* e *Exemplo*, ver, respectivamente: MORETTIN, Eduardo. "Gênero e montagem em *Os óculos do vovô* (Francisco Santos, 1913): anotações de um historiador". *Revista Museologia & Interdisciplinaridade*, v. 8, n. 15, 2019, pp. 15-29; e XAVIER, Ismail. "Mimese e temperança". *Folhetim*, n. 382, 13.05.1984, pp. 6-8.

33>
Maria Rita Galvão observa a drástica queda do número de filmes feitos em São Paulo: de oito em 1930 para apenas um em 1934 (cf. *Crônica do Cinema Paulistano*. São Paulo: Ática, 1975, p. 62). Em proporção inversa, é possível deduzir, mais presente se torna como referência cultural o cinema norte-americano.

34>
VIEIRA, João Luiz. "A chanchada e o cinema carioca (1930-1950)". *In:* RAMOS, Fernão e SCHVARZMAN, Sheila (orgs.). *Op. cit.*, p. 355. Será apenas no final da década de 1940 que a chanchada se firmará como gênero cômico e musical de grande alcance popular.

35>
Sobre o assunto, ver: MORETTIN, Eduardo. *Humberto Mauro, cinema, história. Op. cit.*

36>
Dentro de outra chave e período, Lila Foster analisou as conexões entre cinema e fotografia moderna a partir do que foi produzido como experiência amadora no Foto Cine Clube Bandeirante entre os anos de 1945 e 1959 (Ver: FOSTER, Lila. *Cinema amador brasileiro: história, discursos e práticas*. Tese de doutorado, Universidade de São Paulo, 2016).

37>
Nesse processo, no que tange à pesquisa histórica, uma de suas enormes lacunas diz respeito ao tema geral desse ensaio e, em particular, à trajetória de Edgar Brasil e à análise da fotografia de seus filmes.

O MODERNO NAS IMAGENS HÍBRIDAS DE JACQUES HUBER

Nelson Sanjad

Nelson Sanjad é doutor em história das ciências, pesquisador do Museu Goeldi e professor dos Programas de Pós-Graduação em História/UFPA e em Diversidade Sociocultural/MPEG.

Jacques Hubner (Schleitheim, Suíça, 1867 - Belém, PA, 1914)
Estampa 20 do ***Arboretum Amazonicum***, de Jacques Huber, Breves, ilha de Marajó, PA, ***c.*** 1900
Museu Paraense Emílio Goeldi/Arquivo Guilherme de La Penha, Coleção Fotográfica

Paris, 1 de outubro de 1900. O 1º Congresso Internacional de Botânica teve início em meio às festividades da Exposição Universal que celebrou as conquistas tecnológicas do século XIX. Jacques Huber (1867-1914), chefe da Seção Botânica do Museu Paraense de História Natural e Etnografia, foi um dos assistentes no evento, no qual apresentou um trabalho sobre a origem geológica dos campos interiores da Amazônia e seus efeitos sobre a vegetação. O assunto vinha rendendo considerável debate entre os chamados geobotânicos, aqueles cientistas que estavam atentos às relações entre as plantas e os ambientes onde vivem, sobretudo porque a existência de campos naturais em uma região amplamente conhecida pela densa floresta ainda não havia recebido a devida atenção dos viajantes - que raramente adentravam além das matas de várzea.

Huber apresentou aos seus colegas aquela vegetação singular por meio de projeções luminosas, isto é, fotografias impressas em vidro, algumas vezes colorizadas à mão, e acopladas a uma fonte de luz. Além disso, distribuiu as primeiras estampas *in-quarto* de uma publicação que ele criou especialmente para divulgar as fotografias, o *Arboretum Amazonicum: iconographia dos mais importantes vegetaes espontaneos e cultivados da região amazônica*. As estampas haviam acabado de chegar de Zurique, onde foram impressas por meio da fototipia. Esse sistema permitiu, desde a década de 1870, elevar a qualidade da impressão de fotografias por não utilizar substâncias que provocassem a deterioração da imagem nem do papel. Em tese, eram fotografias impressas com técnicas da gravura.

Esse avanço tecnológico foi largamente explorado pelos pioneiros da ecologia vegetal, os quais, como Huber, precisaram desenvolver formas de representação visual de seus conceitos científicos. Eles não trabalhavam com o conceito de "espécie", à época a unidade que definia as características morfológicas comuns de um determinado grupo de organismos; nem com o de "flora", entendido como a lista de espécies vegetais que ocorrem em determinado lugar, que poderia ser um país, um estado, uma unidade de conservação, um bioma ou qualquer outro território geograficamente demarcado. No lugar desses dois conceitos clássicos, emergiram, no final do século XIX, o de "associação vegetal", definido como uma comunidade multiespecífica adaptada a condições ecológicas ou ambientais singulares, e o de "paisagem" ou "fisionomia", que remete aos aspectos perceptíveis externos de uma determinada comunidade vegetal.

Isso significa dizer que as tradicionais ilustrações botânicas produzidas a bico de pena e aquarela, que destacavam caracteres morfológicos necessários à classificação taxonômica, como flores, frutos e folhas, não eram adequadas à representação de ambientes e muito menos factíveis nas viagens de campo desses pioneiros da ecologia vegetal. Huber, por exemplo, jamais conseguiria apresentar visualmente, com detalhes que se pretendiam verossímeis, a comunidade vegetal de um campo natural amazônico utilizando desenhos ou pinturas. Por essa razão, ele optou pela fotografia, a tecnologia que encontrou nesse ramo da ciência botânica um duplo lugar: o de representação de conceitos ecológicos - como o de paisagem; e o de documentação de comunidades vegetais, como aquelas várias plantas campestres retratadas juntas por Huber em seu *habitat*. A fotografia assumia, portanto, naquele momento, um papel bem mais complexo do que as primeiras experiências fotográficas feitas por botânicos em estúdio ou laboratório para registrar espécimes vivos ou herborizados, detalhes anatômicos e estruturas microscópicas.

O *Arboretum Amazonicum* foi publicado em quatro fascículos entre 1900 e 1906. Ele reuniu 41 fotografias em 40 estampas, que podem ser agrupadas em quatro conjuntos: espécimes em seu ambiente natural (18), fisionomias de ambientes naturais (12), espécimes no ambiente urbano ou rural (6) e espécimes em jardim botânico (4), além de um único retrato que ilustra o processo de defumação do látex da seringueira, que será comentado mais adiante. A grande maioria das fotografias foi feita em campo, durante as viagens que Huber fez do alto rio Ucayali, nas encostas florestadas dos Andes peruanos, à costa paraense. Isso destacou o *Arboretum* entre as chamadas "publicações geobotânicas" da época, como o livro de Auguste Chevalier (1873-1956) sobre o Senegal, igualmente lançado na Exposição Universal de 1900, mas em menor formato e com poucas fotografias tiradas em campo; ou como as obras de Émile de Wildeman (1866-1947) sobre o Congo belga, igualmente impressas em fototipia no tamanho *in-quarto*, mas lançadas alguns anos depois. O pioneirismo de Huber foi reconhecido à própria época em revistas científicas e jornais franceses, alemães, suíços, norte-americanos e brasileiros. Um bom exemplo é o *Journal de Genève*, que registrou em 1901 a qualidade das fotografias de Huber "seja do ponto de vista científico, seja do ponto de vista artístico; os detalhes se destacam com a maior nitidez, o que é sobretudo desejável em um trabalho de ciência; e a maioria delas [*das fotografias*] é um verdadeiro prazer para os olhos, independentemente de qualquer outra consideração. [...] Estamos assim na posse de uma obra de história natural que é ao mesmo tempo a obra de um artista". O *Arboretum Amazonicum* foi interpretado, portanto, desde seu lançamento, como um produto híbrido, que agradava aos olhos mais exigentes da ciência e da arte.

Outro mérito da publicação, destacado pelos analistas mais atentos, diz respeito à produção de uma nova visualidade que a tecnologia fotográfica oferecia aos botânicos, isto é, uma nova maneira de ver e registrar o mundo. Nesse sentido, o *Arboretum* parecia superar as antigas "pranchas de botânica" e suas representações de vegetais isolados do contexto e submissos à imaginação dos pintores e gravuristas. As fotografias de Huber, pelo contrário, ofereciam uma visão de conjunto da vegetação amazônica, ao mesmo tempo em que ressaltavam, de maneira clara e fielmente reproduzida, a planta estudada. Aos olhos de seus contemporâneos, verdade e beleza, assim como técnica e emoção, eram qualidades que pareciam estar unidas nas fotografias de Huber – e que a geração *fin de siècle* desejou ver, de fato, fundidas como signo máximo da modernidade.

Foi justamente esse um dos aspectos que justificou a inclusão do *Arboretum* na lista das 50 obras mais importantes da fotografia botânica publicadas até a Primeira Guerra Mundial, elaborada pela historiadora francesa Caroline Fieschi. De início, ela destaca a extraordinária qualidade da impressão: "O uso de tinta marrom e verde permitiu suavizar a renderização, aproximando-a da extração [*tirage*] prateada (raramente preta), além de sugerir a cor da vegetação, mesmo que a chapa permaneça monocromática". Mas não apenas isso: o principal é que essa técnica permite ver, nos sucessivos planos das fotografias de Huber, as distintas formas de vida de uma comunidade vegetal, seu porte e a textura de suas folhagens. Huber não apenas dominou o uso da luz em ambientes altamente ensolarados, como uma praia, ou parcamente iluminados, como o interior de uma floresta densa, como também desenvolveu um padrão pessoal de composição e enquadramento, que exigia, por vezes, longa distância do objeto fotografado, como uma árvore com 30 metros de altura, ou a intervenção no próprio ambiente para liberar a visão do vegetal inteiro, como a remoção de ervas e arbustos que nascem junto aos troncos. Esse procedimento de campo foi usado por Huber juntamente com técnicas de composição tradicionais na pintura, como o *repoussoir*, elemento inserido em primeiro plano (geralmente, um vegetal) com a finalidade de direcionar o olhar para o centro da imagem, emoldurando-a; ou o ponto de fuga, conjunto de linhas retas que constroem a perspectiva e direcionam o olhar para um infinito imaginado.

Essa nova visualidade, essa nova maneira de representar a vegetação amazônica, era absolutamente distinta do caos pristino que os naturalistas românticos fixaram em suas aquarelas e gravuras. Basta lembrar das estampas amazônicas do *Atlas zur Reise in Brasilien* (1831), de Johann Baptist von Spix e Karl Friedrich von Martius. O que as fotografias de Huber ofereciam era autenticidade e objetividade, qualidades buscadas por uma geração que via na tecnologia fotográfica o meio de alcançar o que nem a palavra nem o desenho possibilitavam. Entre os admiradores desse recurso estava o naturalista inglês Alfred Russell Wallace (1823-1913), que escreveu a Huber em 14 de janeiro de 1908 pedindo autorização para reproduzir algumas fotografias do *Arboretum* no livro póstumo de um naturalista que passou 15 anos coletando na Amazônia, Richard Spruce (1817-1893). Wallace disse querer as "belas fotografias" de Huber para ilustrar as plantas mencionadas por Spruce em seu diário, pois elas – as fotografias – dariam a exata noção do que o naturalista viu em campo. Com a devida anuência, *Notes of a Botanist on the Amazon and Andes*, organizado por Wallace e publicado em

Londres no mesmo ano, apareceu com 11 fotografias reproduzidas do *Arboretum*.

Curiosamente, Spruce foi o naturalista que Huber mais admirou. Ele não apenas colecionou os artigos e as cartas que Spruce publicou em vida, guardados ainda hoje em seu arquivo pessoal, como também trabalhou incansavelmente para que uma parte da coleção de Spruce fosse transferida do Museu Britânico para o Museu Paraense – o que ele de fato conseguiu em 1909, mediante permuta. O que aproximava Huber de Spruce era não apenas a paixão pela botânica e pela Amazônia mas também o modo de ver esse imenso mundo vegetal, que domina e se expande por qualquer ambiente, surpreendendo sempre com sua diversidade e suas complexas relações ecológicas – e que oferece uma infinidade de recursos para o ser humano. Assim como Spruce, Huber foi um atento observador dos vegetais utilizados, domesticados e cultivados pelos habitantes da Amazônia, fosse em uma aldeia indígena, fosse na própria cidade de Belém. Embora não tenha publicado sobre etnobotânica, Huber anotava sistematicamente em um caderno os nomes vulgares das plantas associadas à cultura material e imaterial amazônica, lista que cresceu sem parar até a sua morte.

Esse interesse, contudo, transparece principalmente nas fotografias de Huber. No meio urbano e no rural, nas florestas e nos campos naturais, Huber estava sempre registrando a relação entre humanos e plantas: espécies exploradas há séculos na região amazônica, como a baunilha, o urucum e a copaíba, e outras conhecidas em lendas e de uso ornamental, como a vitória-régia e as orquídeas; malocas e roças indígenas; seringueiros em atividade; plantações e capoeiras; a colonização de pastos por palmeiras; derrubadas para a construção de estradas e extração de madeira; ambientes e árvores remanescentes da mata nativa em meio à cidade que crescia aceleradamente; quintais e o próprio jardim botânico que ele concebeu. Até mesmo nos raros retratos que Huber tirou, as plantas dominam a cena. É o caso do comovente menino registrado em Breves, na ilha de Marajó, inserido no *Arboretum*.[1] As plantas estão presentes em quase tudo ali: no látex que está sendo defumado, no paneiro, nas sementes que queimam, na fôrma, no bastão, na cuia, na roupa da criança, nas lascas espalhadas pelo chão, no banco, nas tábuas da parede e na porta improvisada. Nesse caso, o mundo vegetal aparece nos artefatos distribuídos no entorno do menino e no tipo de trabalho que seu gesto e seus pés descalços denunciam.

Na maior parte das vezes, entretanto, quando humanos

1>
A Estampa 20 do Arboretum Amazonicum representa o processo tradicional de defumação da borracha. O látex recolhido da seringueira era despejado em uma bacia e, depois, com o auxílio de uma cuia, colocado sobre uma fôrma de madeira. Esta era exposta à fumaça que sai do boião de cerâmica, produzida pela queima de sementes das palmeiras urucuri (*Attalea excelsa*) ou inajá (*Maximiliana regia*) e por pedaços de madeira. Era necessário virar a fôrma diversas vezes, colocando mais do líquido assim que o látex endurecia e se transformava em borracha. A fotografia de Jacques Huber também sugere uma performance corporal característica da atividade, além da hierarquia social que estruturou a economia amazônica no final do século XIX e início do XX.

Jacques Huber (Schleitheim, Suíça, 1867 - Belém, PA, 1914) Quintal na estrada Boaventura da Silva, em Belém, com uma grande árvore em flor da espécie *Cassia fastuosa Willd. ex Benth* 17.09.1902 Coleção particular

são retratados por Huber, as plantas vivas se sobressaem na composição, seja para destacar sua dominância no cenário, seja para demonstrar o manejo humano dos recursos naturais. É o que acontece nas fotografias feitas em aldeias indígenas, nas pequenas comunidades do interior e na periferia da cidade de Belém. Homens, mulheres, crianças e casas são registrados sempre de longe, de maneira a incorporar na composição toda a vegetação circundante, fosse natural ou cultivada. É como se não fosse possível compreender a história humana sem pensar obrigatoriamente no quanto essa espécie depende das plantas. A escala que Huber fazia questão de marcar em suas fotografias sugere sempre a pequenez ou a insignificância humana diante da exuberância do mundo natural.

Na obra fotográfica de Huber, somente um único conjunto de fotografias foge a esse padrão estético. São os nove negativos de vidro preservados no Staatsarchiv des Kantons Basel-Stadt (Arquivo Estatal do Cantão da Cidade da Basileia), Suíça. As fotografias foram feitas durante o Círio de Nossa Senhora de Nazaré, entre 1902 e 1905. Elas se distinguem por diversas razões: foram feitas em uma máquina portátil, que utilizava chapas com menos de 10 cm; foram feitas para uso pessoal, isto é, não estavam associadas a projetos de pesquisa ou documentação e nem foram produzidas para serem publicadas; e, talvez pelos motivos apontados anteriormente, constituem uma inédita etnografia visual de uma das maiores festas religiosas do Brasil, realizada em Belém desde o final do século XVIII.

Essas fotografias foram descobertas em 2014 e expostas pela primeira vez na mostra *Círio 1900 – Fotografias de Jacques Huber*, montada pelo Centro Cultural Sesc Boulevard em 2018, com curadoria minha em parceria com Paula Sampaio. Do ponto de vista histórico, elas são significativas devido à carência de registros fotográficos do Círio de Nazaré no século XIX, fato que merece uma investigação em razão da dimensão dessa festa, à época associada a africanos e afrodescendentes e organizada por uma irmandade dirigida por pais e mães de santo. Somente no início do século XX, a Igreja Católica, através do Arcebispado de Belém, romanizou a festividade, expulsando negros e negras da organização e reestruturando a procissão, de maneira a dissociar a Nossa Senhora de Nazaré dos cultos africanos. As fotografias de Huber foram feitas antes de esse processo ter início, portanto ainda registram uma procissão eminentemente negra e popular.

Do ponto de vista estético, as fotografias surpreendem pela composição e pelo enquadramento inusitados, em parte por causa do tipo de máquina que Huber levou nas mãos e que provavelmente exigiu algum improviso no momento de fotografar, em parte porque foram feitas em meio às pessoas que acompanhavam ou assistiam a procissão. Huber misturou-se a elas para registrar seus corpos, suas vestes, seus olhares, seus gestos e oferendas. Ele não quis fazer panoramas nem tomadas do alto. Pelo contrário, seguiu a procissão e fotografou quem estava a seu lado, fazendo questão de enquadrar elementos que, na prática, subvertem a composição e empurram suas imagens para um lugar que estava totalmente fora do cânone de representação da cidade de Belém. Veja-se, por exemplo, a foto do pomposo regimento de cavalaria que abria a procissão e se posicionava no início da rua João Alfredo.[2] Nela encontramos, além dos cavaleiros engalanados e seus belos cavalos, um conjunto de edificações – hotéis e diversas lojas – tomadas por turistas e moradores com seus chapéus e guarda-chuvas. Quem aparece em primeiro plano, contudo, é um jovem negro de costas, sem sapatos, vestindo uma calça que claramente não havia sido feita para ele, pois estava com as barras enroladas, tinha uma prega na parte de trás e estava presa à cintura com uma faixa, de modo que não arriasse. Essa figura contrasta não apenas com os soldados ao lado, mas

2>
Ver p. 115.

3>
Ver p. 117.

4>
Ver p. 116.

também com os homens de fato, chapéu e sapato de couro, que seguiam à sua frente, e com o menino vestido de marinheiro, voltado para a câmera, que parece trocar um olhar com o jovem negro, como se estivesse a perguntar: “o que fazes aqui?”.

Algo semelhante acontece na fotografia feita junto ao prédio da Bolsa de Valores, que estava em construção. As pessoas aparecem amontoadas em uma plataforma à esquerda e também na rua. Sobre elas erguem-se telhados de quiosques, postes da rede elétrica, mastros de barcos a vela, platibandas, árvores e uma das torres do mercado Ver-o-Peso, mas quem aparece em primeiro plano – a única pessoa voltada para o fotógrafo – é um mendigo com roupas rotas e pés descalços, que parece carregar um saco às costas com algum sofrimento. Pessoas como esse mendigo e aquele jovem negro sem rosto são enquadradas com destaque em todas as nove fotografias de Huber. Ele lhes observa, com alguma indiscrição, os corpos, por vezes o olhar, as roupas e os pés descalços ou mal calçados, como os de um rapaz que observa o Carro dos Milagres, enfiados em um mocassim bem menor do que o ideal, o que lhe deixa com os calcanhares de fora.

Em dois momentos, essas fotografias ganham um caráter especial. No primeiro, um grupo de pessoas de costas para o fotógrafo forma uma barreira humana que toma mais da metade do enquadramento, efeito para o qual a baixa estatura do fotógrafo certamente contribuiu.[3] As pessoas estão voltadas para o carro alegórico que representa o milagre de d. Fuas Roupinho, que teria dado início à devoção da Virgem em Portugal, no século XII. Por trás do carro e acima das pessoas, erguem-se sobrados azulejados, cujos balcões superiores estão ocupados, separadamente, por uma família branca, muito bem vestida, por uma família vestida modestamente, e por dois homens mestiços com roupas mais simples. O outro momento registra a passagem da Corda, que originalmente era utilizada para puxar o carro onde era levada a berlinda da imagem de Nossa Senhora de Nazaré.[4] Em 1900, colocar as mãos sobre essa corda e ajudar a puxar a berlinda já era a principal promessa dos devotos da Virgem – e seu grande desafio em razão da acirrada disputa por espaço. Sob flâmulas e bandeirolas esvoaçantes, Huber registrou a passagem da corda, com seu intenso movimento de corpos masculinos, acompanhados, em primeiro plano, por duas mulheres. Homens levantam seus chapéus em saudação à Virgem, cuja berlinda aparece discretamente no fundo; ou seja, para Huber, não era a célebre imagem que interessava e muito menos sua carruagem dourada, e sim as pessoas que as carregavam.

Huber era suíço, doutor em ciências naturais pelas universidades da Basileia e de Montpellier, na França. Chegou a Belém em 1895 para trabalhar no Museu Paraense. Seu distanciamento cultural e afetivo certamente o motivou a registrar o Círio de Nazaré desde seu primeiro ano na cidade, como comprova uma fotografia panorâmica feita por ele da varanda do Theatro da

Paz, a partir da qual é possível apreciar a procissão de longe. Pode-se perguntar se foi sua curiosidade de estrangeiro ou mesmo o desejo de testar uma câmera portátil que o incentivou, anos depois, a deixar a varanda e descer para o chão. Talvez as duas razões tenham sido preponderantes – mas não apenas isso. Sua formação científica também o foi, pois, na virada do século XIX para o XX, tanto a botânica quanto a etnografia já eram ciências imagéticas, isto é, fortemente baseadas na produção de imagens com forma, conteúdo e significados particulares. A fotografia era, evidentemente, apenas um dos *visual media* articulados por essas ciências, mas o que certamente constituía a melhor expressão do moderno. Com o desenvolvimento da fototipia, chamada de "fotografia inalterável" no XIX, ruíram os obstáculos que ainda impediam a incorporação universal da fotografia pela ciência. Aprender a fotografar passou a fazer parte da formação do cientista, assim como a máquina fotográfica passou a ser um instrumento obrigatório em qualquer viagem de campo. Na Amazônia, Huber é quem melhor representa esse movimento de experimentação e ampliação dos usos da fotografia.

Um cientista-fotógrafo ou um fotógrafo-cientista? Huber talvez seja um híbrido, que encarnava as expectativas de modernização tanto na ciência quanto na arte. Por essa razão, convém pensar na ampliação do conceito de "fotógrafo", que aparece na historiografia da arte associado principalmente à produção de imagens consideradas "artísticas", mesmo quando ainda se debatia se a fotografia era ou não uma arte – e mesmo quando os próprios fotógrafos profissionais não se consideravam "artistas". Se esse conceito fosse alargado, a obra fotográfica de Huber ganharia relevância, assim como a de muitos outros cientistas que se especializaram em fotografia e que ainda são, no Brasil, totalmente invisíveis por não se adequarem às definições de "fotografia de arte" elaboradas *a posteriori*. Esses homens (e muito provavelmente mulheres) sequer aparecem nos dicionários, mesmo tendo produzido centenas de imagens e se notabilizado por essa atividade. Contudo, sua obra permanece preservada em museus, jardins botânicos, arquivos, bibliotecas e centros culturais à espera de investigadores capazes de explorar as mútuas relações entre ciência e arte, campos que se desenvolveram conjuntamente desde meados do século XIX, unidos por um mesmo impulso criativo em direção ao moderno.

Autoria não identificada
Rua do General Deodoro
Curral del Rey (atual Belo Horizonte), MG
c. 1895

Autoria não identificada
Inauguração da capital, Centro, Curral del Rey (atual Belo Horizonte), MG, 10.12.1897

João Martins
Torres
Demolições entre as ruas do Rosário e Ouvidor, avenida Central, atual avenida Rio Branco
Rio de Janeiro,
RJ, 1904

João Martins
Torres
Comitiva oficial dando início aos trabalhos de construção da avenida Central, atual avenida Rio Branco
Rio de Janeiro,
RJ, 08.03.1904

João Martins Torres
Nivelamento para construção da avenida Central, atual avenida Rio Branco
Rio de Janeiro, RJ, 1904

João Martins Torres
Construção da avenida Central, atual avenida Rio Branco, obras de preparação para pavimentação, trecho em direção à Prainha (atual praça Mauá)
Rio de Janeiro, RJ, 1904

PHARMACIA
PHARMACIA
REST
INTERN

PP. 50–51:

Francisco Du Bocage (Portugal, 1860 - Bezerros, PE, 1919)
Bairro do Recife, atual Recife Antigo
Recife, PE, *c.* 1910

Francisco Du Bocage (Portugal, 1860 - Bezerros, PE, 1919)
Igreja do Corpo Santo, Lingueta, Bairro do Recife, atual Recife Antigo
Recife, PE, *c.* 1910

Francisco Du Bocage (Portugal, 1860 - Bezerros, PE, 1919)
Igreja do Corpo Santo, Bairro do Recife, atual Recife Antigo
Recife, PE, *c.* 1910

Olindo Belém (Rio de Janeiro, RJ, 1873-1950)
Panorama de Belo Horizonte
Belo Horizonte, MG, 22.06.1908

IZONTE-MINAS GERAES
O. Belém-Phot.
22-6-1908

Rodrigues &
C°. editores e
proprietários"
*Mirante do Corco-
vado; ao fundo, a
baía de Guanabara
e o Morro do Pão
de Açúcar, Morro
do Corcovado*
Rio de Janeiro,
RJ, 1906

Marc Ferrez
(Rio de Janeiro,
RJ, 1843-1923)
Vista do Pão de Açúcar tomada do Morro da Urca
Rio de Janeiro,
RJ, *c.* 1912

Autoria não identificada
Cartelas do Cine Pathé
Rio de Janeiro, RJ, *c.* 1910

Autoria não
identificada
Cinema Pathé,
avenida Rio
Branco, Centro
Rio de Janeiro,
RJ, *c.* 1919

Marc Ferrez
(Rio de Janeiro,
RJ, 1843-1923)
Sala de espera
do cinema Pathé,
avenida Central,
atual avenida Rio
Branco
Rio de Janeiro,
RJ, c. 1907

Marc Ferrez
(Rio de Janeiro,
RJ, 1843-1923)
*Interior do cinema
Pathé, avenida
Central, atual
avenida Rio Branco*
Rio de Janeiro,
RJ, c. 1907

Frames do filme
Reminiscências
35"
Belo Horizonte,
MG, 1909-1926
Direção: Aristides
Junqueira (Ouro
Preto, MG, 1879
- Belo Horizonte,
MG, 1951)

Vincenzo Pastore
(Casamassima,
Itália, 1865 - São
Paulo, SP, 1918)
*Retrato de
Vincenzo Pastore
com melancia, em
múltipla exposição*
São Paulo, SP,
c. 1910

Valério Vieira
(Angra dos Reis,
RJ, 1862 - São
Paulo,
SP, 1941)
Os Trinta Valérios
São Paulo,
SP, s.d.

Valério Vieira
(Angra dos Reis,
RJ, 1862 - São
Paulo,
SP, 1941)
Expressões faciais em múltipla exposição; fotografias tiradas por câmera construída pelo autor
São Paulo, SP,
c. 1890

Vírgilio Calegari
(Bérgamo, Itália,
1868 - Porto Ale-
gre, RS, 1937)937)
Cine-Teatro
Coliseu
Porto Alegre, RS,
déc.1910

Vírgilio Calegari
(Bérgamo, Itália,
1868 - Porto Ale-
gre, RS, 1937)
Doca do Mercado
Público
Porto Alegre, RS,
déc.1870-1890

Vírgilio Calegari
(Bérgamo, Itália,
1868 - Porto Ale-
gre, RS, 1937)
*O coração de Porto
Alegre*
Porto Alegre, RS,
déc.1910-1920

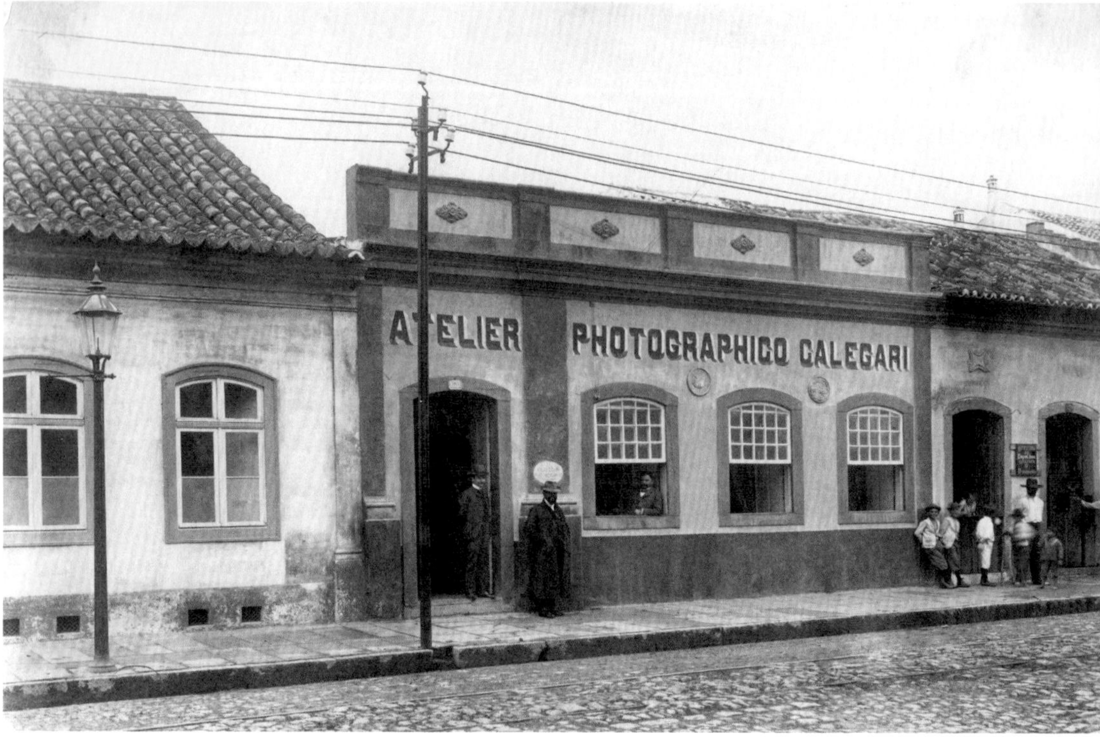

Vírgilio Calegari (Bérgamo, Itália, 1868 - Porto Alegre, RS, 1937)
Rua dos Andradas, Atelier Photographico Calegari
Porto Alegre, RS, déc.1900

Vírgilio Calegari (Bérgamo, Itália, 1868 - Porto Alegre, RS, 1937)
Mãe Rita
Porto Alegre, RS, s.d.

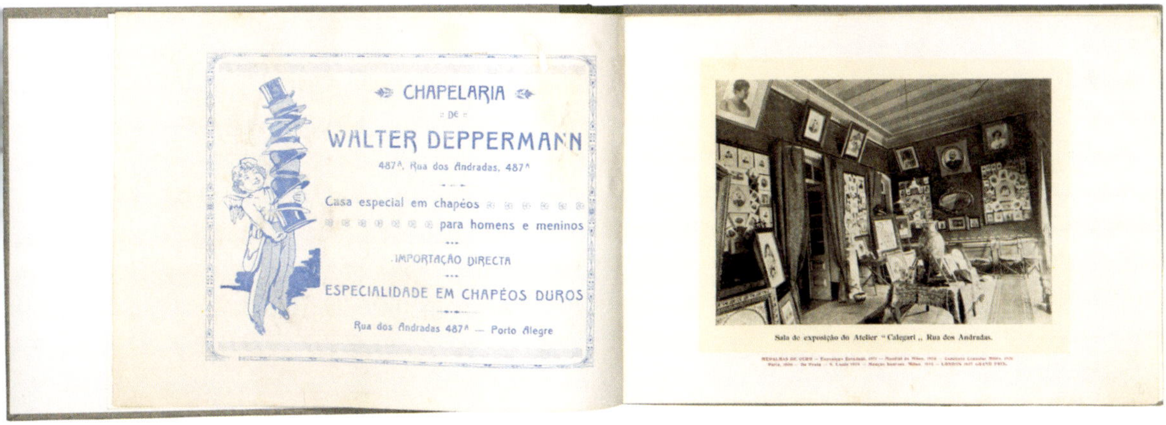

Vírgilio Calegari
(Bérgamo, Itália,
1868 - Porto Alegre, RS, 1937)
Retrato de estúdio
Porto Alegre, RS,
início do séc.XX

Atelier Calegari
(1920-1950)
Álbum de Porto Alegre
Porto Alegre, RS,
1911

Vírgilio Calegari
(Bérgamo, Itália,
1868 - Porto Alegre, RS, 1937)
Retratos de estúdio
Porto Alegre, RS,
déc. 1900-1910

O. Calegari

Studio Calegari

Autoria não
identificada
*Exposição Nacional
de 1908, matas,
jardins, caça e
pesca*
Rio de Janeiro,
RJ, 1908

Américo Ribeiro
(Setúbal, Portu-
gal, 1906-1992)
*Exposição de 1908,
pavilhão de São
Paulo*
Rio de Janeiro,
RJ, s.d.

Américo Ribeiro
(Setúbal, Portu-
gal, 1906-1992)
Exposição
Rio de Janeiro,
RJ, s.d.

PARC ROYAL
PARC ROYAL

Vírgilio Calegari
(Bérgamo, Itália,
1868 - Porto Alegre, RS, 1937)
Exposição Agropecuária e Industrial do Rio Grande do Sul
Porto Alegre, RS,
1901

Autoria não
identificada
Loja Paris-Londres
Belém, PA, s.d.

Autoria não identificada
Livraria Alfacinha, de Eduardo A. Fernandes
Belém, PA, s.d.

Autoria não identificada
Rua Consaelheiro João Alfredo,
Belém, PA, *c.*1908
(data de postagem)

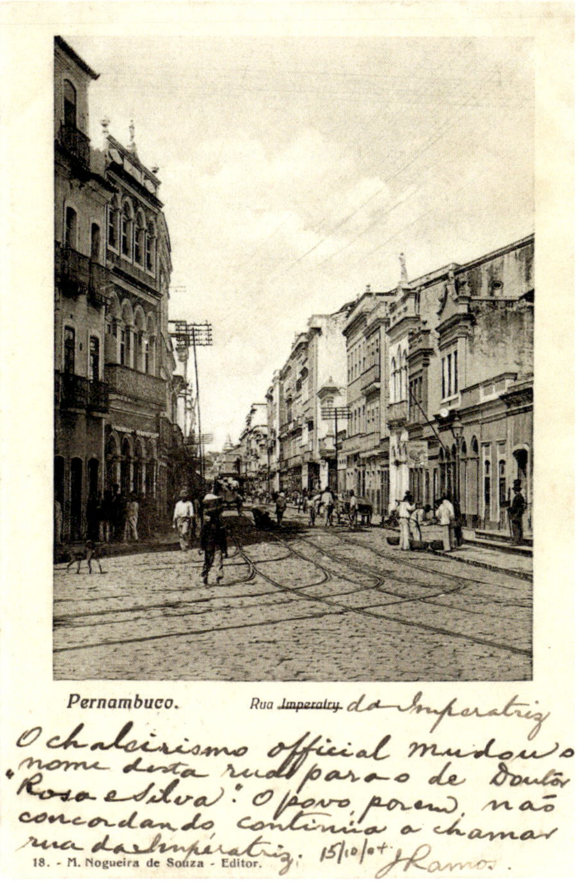

M. Nogueira de Souza (Editor) (1880-1943)
Rua da Imperatriz
Recife, PE, dedicatória datada de 15.10.1904

Autoria não identificada
Centro do Recife; foto postal com fotografia de sobrados e bondes
Recife, PE, 1905

Frames do filme
Veneza americana
Recife, PE, 1925
Direção: Ugo
Falangola (Roma,
Itália, 1879 -
Recife, PE, 1974)
e J. Cambière

FALANGOLA & CAMBIERI
PERNAMBUCO-FILM
Tambem o nosso operador
cinematographico teve o in-
fantil desejo de experimen-
tar as emocões de um vôo
no areoplano; ....
RECIFE

João Martins Torres
O plantio de pau-brasil nos passeios centrais e a construção de edifícios, avenida Central, atual Avenida Rio Branco
Rio de Janeiro, RJ, set. 1905

Autoria não identificada
Loja de postais Postal Cascata
Rio de Janeiro, RJ, s.d.

Autoria não identificada
Loja de postais T. Malta de Campos, avenida Central, atual avenida Rio Branco
Rio de Janeiro, RJ, s.d.

Augusto Malta
(Mata Grande, AL,
1864 - Rio de
Janeiro, RJ, 1957)
Arcos da Lapa
Rio de Janeiro,
RJ, 12.03.1908

120
BOTEQUIM E

Aurélio Becherini
(Mertecale de Vernio, Itália, 1879
- Brasil, 1939)
Rua de São João
São Paulo, SP,
1912

Aurélio Becherini
(Mertecale de Vernio, Itália, 1879
- Brasil, 1939)
Rua da Quitanda
São Paulo, SP,
c. 1906

CHINATO BALLOR
LUVARIA PAULISTANA E
VITALIS
MITAINES
CHINATO BALLOR
BAHIA
ARAGON
LES ALPES

Vincenzo Pastore
(Casamassima,
Itália, 1865 - São
Paulo, SP, 1918)
*Homens conversando
em banco de praça*
São Paulo, SP,
c. 1910

Vincenzo Pastore
(Casamassima,
Itália, 1865 - São
Paulo, SP, 1918)
*Duas mulheres descansando em banco
de praça*
São Paulo, SP,
c. 1910

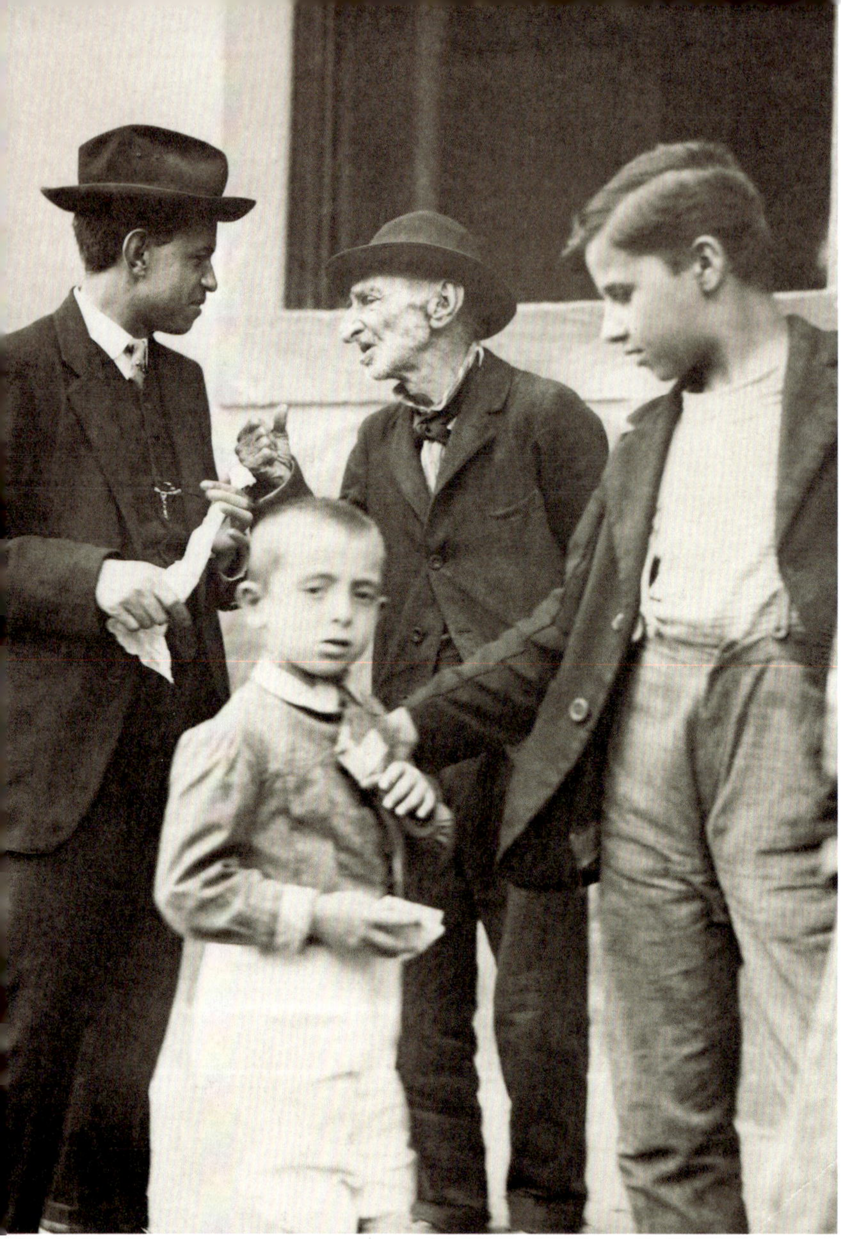

Vincenzo Pastore
(Casamassima,
Itália, 1865 - São
Paulo, SP, 1918)
*Grupo de pessoas
na calçada*
São Paulo, SP,
c. 1910

CALÇADO
Clark
UNICO
SUPERIOR
NO BRAZIL

Vincenzo Pastore
(Casamassima,
Itália, 1865 - São
Paulo, SP, 1918)
Duas mulheres conversando, proximidades do atual Parque Dom Pedro II
São Paulo, SP,
c. 1910

Vincenzo Pastore
(Casamassima,
Itália, 1865 - São
Paulo, SP, 1918)
Encontro de mulheres, próximo ao mercado dos caipiras; ao fundo, a rua 25 de Março, próximo da rua General Carneiro
São Paulo, SP,
c. 1910

Vincenzo Pastore
(Casamassima,
Itália, 1865 - São
Paulo, SP, 1918)
Mulher com criança no colo
São Paulo, SP,
c. 1910

Vincenzo Pastore
(Casamassima
Itália, 1865 - São
Paulo, SP)
Grupo de pessoas ao redor de realejo, praça da República, São Paulo, SP, c. 1910

Vincenzo Pastore
(Casamassima,
Itália, 1865 - São
Paulo, SP, 1918)
Crianças em bebedouro de parque
São Paulo, SP,
c. 1910

Vincenzo Pastore
(Casamassima,
Itália, 1865 - São
Paulo, SP, 1918)
*Vendedoras de
verduras, proxi-
midades do atual
parque D.Pedro II*
São Paulo, SP,
c. 1910

Vincenzo Pastore
(Casamassima,
Itália, 1865 - São
Paulo, SP, 1918)
*Comércio de frutas
no mercado dos
caipiras, anexo ao
Mercado Municipal,
esquina da rua
25 de Março com
General Carneiro*
São Paulo, SP,
c. 1910

Francisco Rebello
(Margão, Índia,
1890 - Recife, PE,
1965)
Vendendo comida nas portas; mungunzá quentinho e gostoso
Bairro de São José, Recife, PE, 1928

Francisco Rebello
(Margão, Índia,
1890 - Recife, PE,
1965)
Vendedor ambulante de água em cabaça
Marco Zero, Recife, PE, 1926

Francisco Rebello
(Margão, Índia,
1890 - Recife, PE,
1965)
Vendedor de abacaxi
Cais de Santa Rita, Recife, PE, 1927

Francisco Rebello
(Margão, Índia,
1890 - Recife, PE,
1965)
Conferindo o troco
Bairro de São José, Recife, PE, s.d.

PP. 98-99:

Francisco Rebello
(Margão, Índia,
1890 - Recife, PE,
1965)
Palacete da miséria
Bairro de São José, Recife, PE, 1928

Francisco Rebello
(Margão, Índia,
1890 - Recife, PE,
1965)
Jovem, sorriso alegre
Arrabalde, Recife,
PE, 1930

Francisco Rebello
(Margão, Índia,
1890 - Recife, PE,
1965)
Mulher sentada em frente à porta da sua casa
Bairro São José,
Recife, PE, 1928

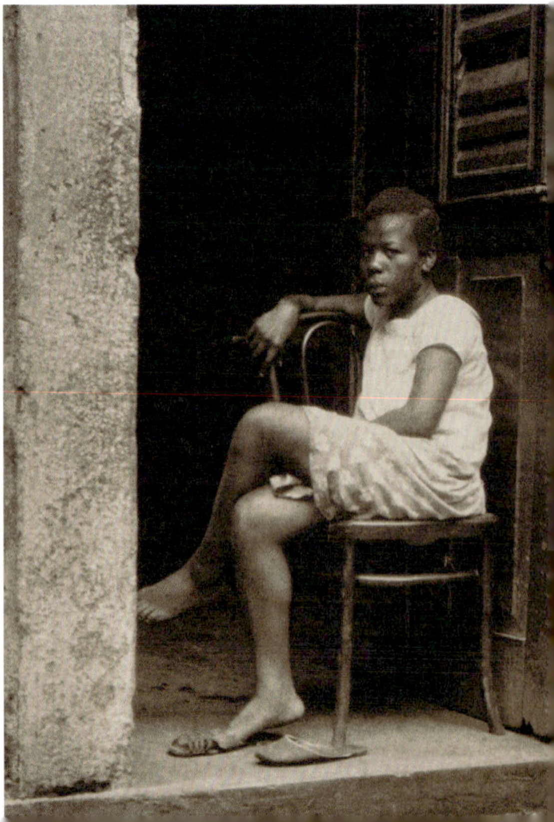

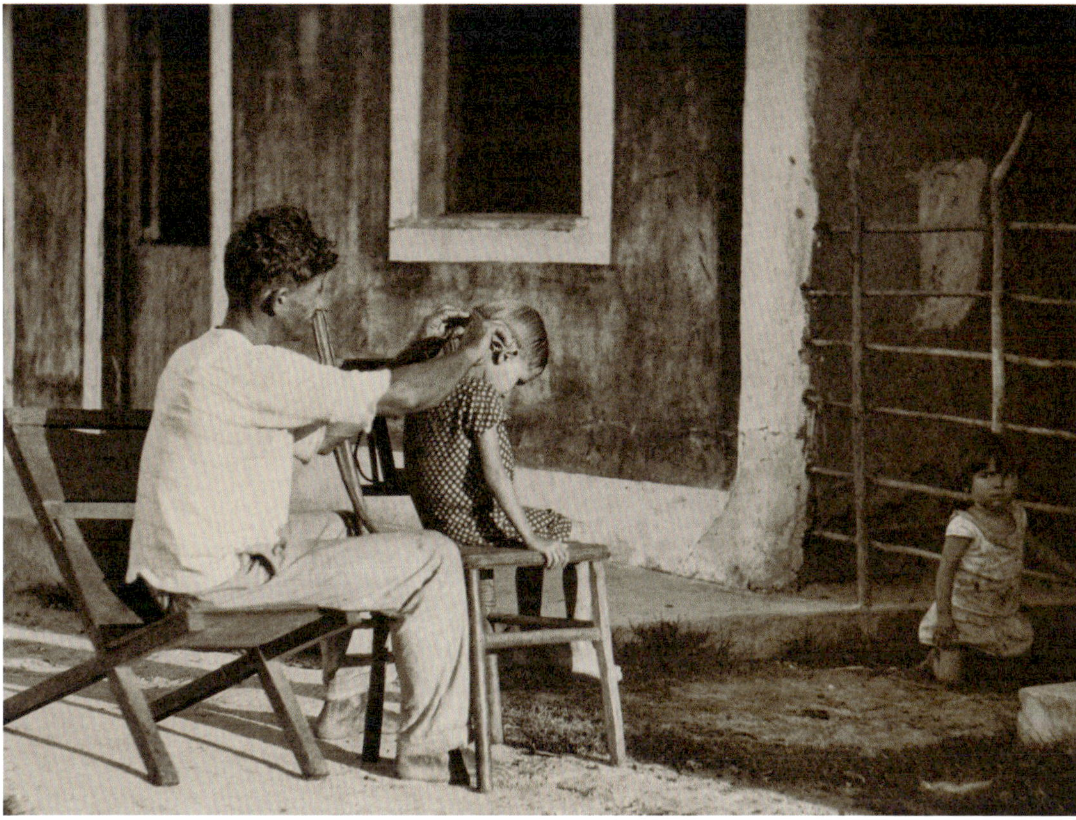

Francisco Rebello
(Margão, Índia,
1890 - Recife, PE,
1965)
Corte de cabelo
Recife, PE, 1927

Francisco Rebello
(Margão, Índia,
1890 - Recife, PE,
1965)
*Ilusão de óptica;
pintor de parede*
Bairro das Graças,
Recife, PE, 1928

Francisco Rebello
(Margão, Índia,
1890 - Recife, PE,
1965)
Criança no portão
Bairro do Espi-
nheiro, Recife,
PE, 1929

Francisco Rebello
(Margão, Índia,
1890 - Recife, PE,
1965)
*Encontro de lava-
deiras à beira do
rio Capibaribe*
Recife, PE, 1928

Francisco Rebello
(Margão, Índia,
1890 - Recife, PE,
1965)
*Bica; matando a
sede*
Olinda, PE, 1926

Francisco Rebello
(Margão, Índia,
1890 - Recife, PE,
1965)
Jovem pernambucana
Bairro do Espinheiro, Recife,
PE, 1935

Francisco Rebello
(Margão, Índia,
1890 - Recife, PE,
1965)
Carnaval; sombra de folião
Praça da Independência, Recife,
PE, 1928

Francisco Rebello
(Margão, Índia,
1890 - Recife, PE,
1965)
*Carnaval; passista
com sombrinha*
Praça da Independência, Recife,
PE, 1927

Francisco Rebello
(Margão, Índia,
1890 - Recife, PE,
1965)
*Carnaval; passista
ao som do frevo
pernambucano*
Praça da Independência, Recife,
PE, 1927

Francisco Rebello
(Margão, Índia,
1890 - Recife, PE,
1965)
Passistas
Praça da Independência, bairro
Santo Antônio,
Recife, PE, 1924

Francisco Rebello
(Margão, Índia,
1890 - Recife, PE,
1965)
Carnaval; passista no passo
Praça da Independência, Recife,
PE, 1927

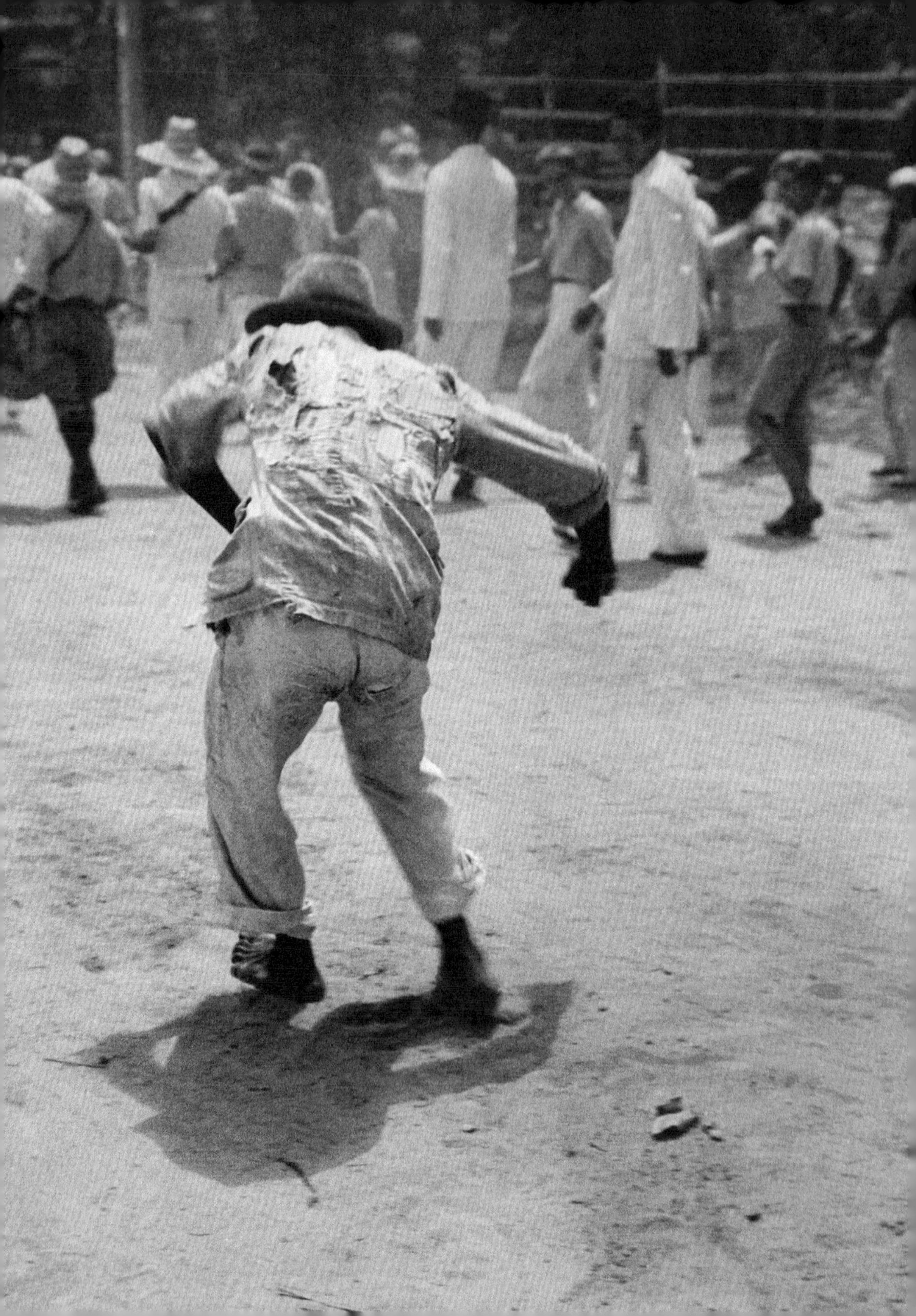

Francisco Rebello
(Margão, Índia,
1890 - Recife, PE,
1965)
Carnaval; passistas no fim de bloco carnavalesco
Bairro de São José, Recife, PE, 1927

Francisco Rebello
(Margão, Índia,
1890 - Recife, PE,
1965)
Carnaval de três pessoas
Rua Primeiro de Março, Recife, PE, 1927

Jacques Huber
(Schleitheim, Suíça, 1867 - Belém, PA, 1914)
Procissão do Círio de Nazaré
Belém, PA, c. 1902

Jacques Huber
(Schleitheim, Suíça, 1867 - Belém, PA, 1914)
Procissão do Círio de Nazaré
Belém, PA, c. 1902

P. 118:

Jacques Huber (Schleitheim, Suíça, 1867 - Belém, PA, 1914)
Fungo da espécie Phallus undusiatus
Belém, PA, 1904

P. 119:

Jacques Huber (Schleitheim, Suíça, 1867 - Belém, PA, 1914)
Orquídea Coryanthes speciosa, conhecida como Bolsa-de-pastor
Belém, PA, out. 1909

Jacques Huber (Schleitheim, Suíça, 1867 - Belém, PA, 1914)
Larvas de lepidóptero, ordem de insetos que abrange borboletas e mariposas
Belém, PA, s.d.

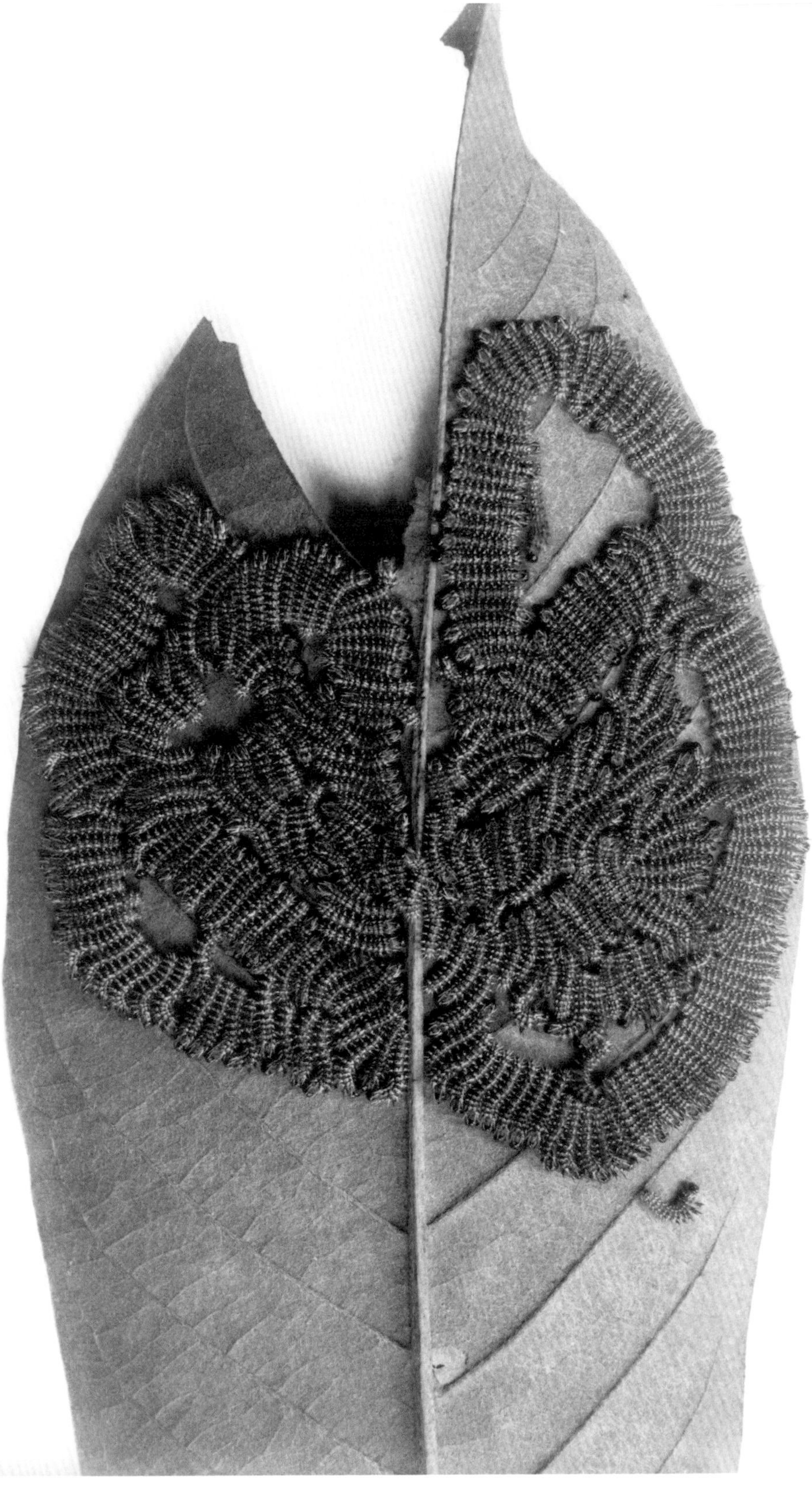

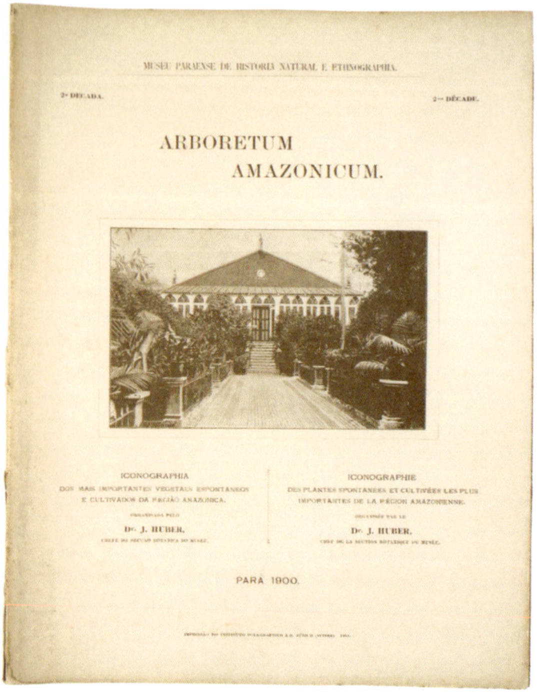
MUSEU PARAENSE DE HISTORIA NATURAL E ETHNOGRAPHIA.

2ª DECADA. 2me DÉCADE.

ARBORETUM
AMAZONICUM.

ICONOGRAPHIA
DOS MAIS IMPORTANTES VEGETAES ESPONTANEOS
E CULTIVADOS DA REGIÃO AMAZONICA.

Dr. J. HUBER,

ICONOGRAPHIE
DES PLANTES SPONTANÉES ET CULTIVÉES LES PLUS
IMPORTANTES DE LA RÉGION AMAZONIENNE.

Dr. J. HUBER,

PARÁ 1900.

Jacques Huber (Schleitheim, Suíça, 1867 - Belém, PA, 1914)
Arboretum Amazonicum. Iconographia dos mais importantes vegetaes espontaneos e cultivados da região amazonica, Fascículo 1
Belém: Museu Paraense de Historia Natural e Ethnographia, 1900

Jacques Huber (Schleitheim, Suíça, 1867 - Belém, PA, 1914)
Cumarú. Dipteryx odorata. In: Arboretum Amazonicum. Iconographia dos mais importantes vegetaes espontaneos e cultivados da região amazonica. Fascículo 2, estampa 13
Belém: Museu Paraense de Historia Natural e Ethnographia, 1900

Jacques Huber (Schleitheim, Suíça, 1867 - Belém, PA, 1914)
Mumbáca. Astrocaryum Mumbáca. In: Arboretum Amazonicum. Iconographia dos mais importantes vegetaes espontaneos e cultivados da região amazonica.
Belém: Museu Paraense de Historia Natural e Ethnographia, 1900

«Mumbáca» Astrocaryum Mumbáca Mart.

Frames do filme *Cerâmica Horizontina*
Belo Horizonte, MG, déc. 1920
Direção e fotografia: Igino Bonfioli (Verona, Itália, 1886 - Belo Horizonte, MG, 1965)

Autoria não identificada
Trabalhadores participam de comício realizado durante a primeira greve geral em São Paulo
São Paulo, SP, 12.07.1917

Autoria não identificada
Trabalho infantil
Local não identificado, s.d.

Autoria não identificada
Sem título
Local não identificado, s.d.

José Baptista Barreira Vianna (Viana do Castelo, Portugal, 1860 - Rio de Janeiro, RJ, 1925)
Interior da residência da família Barreira Vianna em Ipanema, na esquina da avenida Vieira Souto com rua Francisco Otaviano
Rio de Janeiro, RJ, c. 1900

Marc Ferrez
(Rio de Janeiro,
RJ, 1843-1923)
*Interior da casa
da família Ferrez
na rua Voluntá-
rios da Pátria,
Botafogo,*
Rio de Janeiro,
RJ, c. 1914

Augusto Malta
(Mata Grande, AL,
1864 - Rio de
Janeiro, RJ, 1957)
*Sala reservada
onde o barão
do Rio Branco
trabalhava*
Rio de Janeiro,
RJ, 16.02.1912

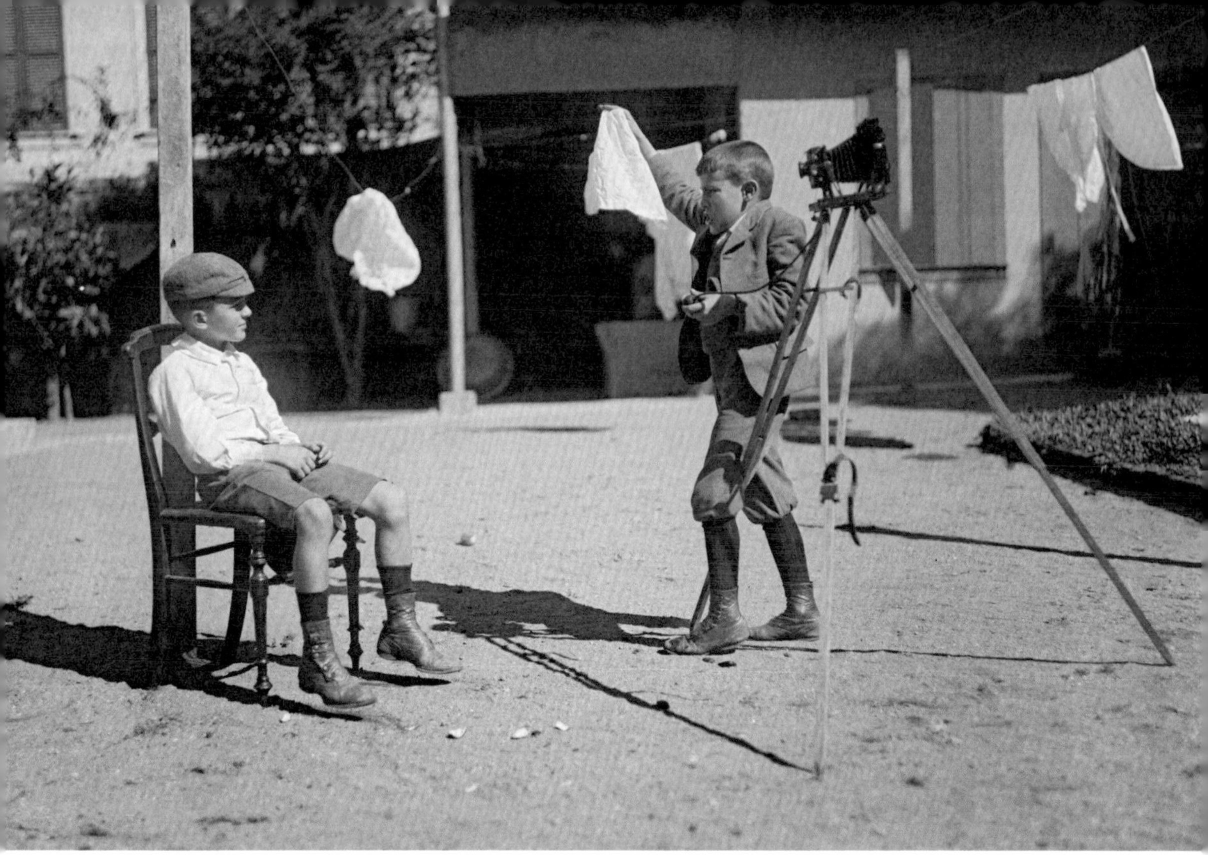

Alberto de Sampaio
(Rio de Janeiro,
RJ, 1870-1931)
Filhos de Alberto e Cecília encenando o momento de fotografar
Local não identificado, 1917

Alberto de Sampaio
(Rio de Janeiro,
RJ, 1870-1931)
Filhos fotografando no quintal
Local não identificado, 1917

Alberto de Sampaio
(Rio de Janeiro,
RJ, 1870-1931)
Almoço
Local não identificado, s.d.

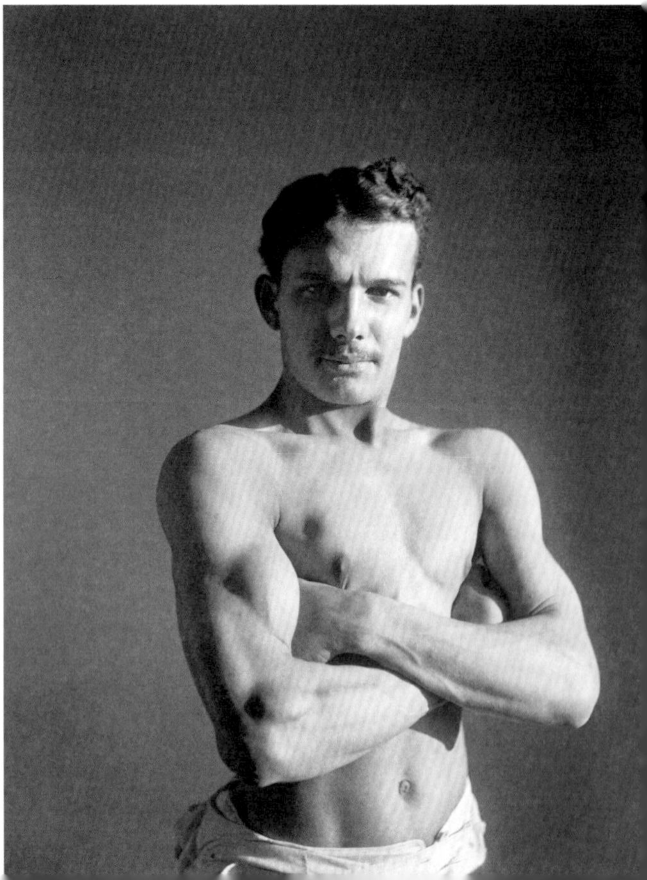

Alberto de Sampaio
(Rio de Janeiro,
RJ, 1870-1931)
Provavelmente Alberto Soares de Sampaio de perfil
Local não identificado, s.d.

Alberto de Sampaio
(Rio de Janeiro,
RJ, 1870-1931)
Lico
Local não identificado, 1905

Alberto de Sampaio
(Rio de Janeiro,
RJ, 1870-1931)
Retrato de Nhanhã
Local não identificado, 1890

Guilherme Santos
(Rio de Janeiro,
RJ, 1871-1966)
Praia do Flamengo
Rio de Janeiro,
RJ, c. 1930

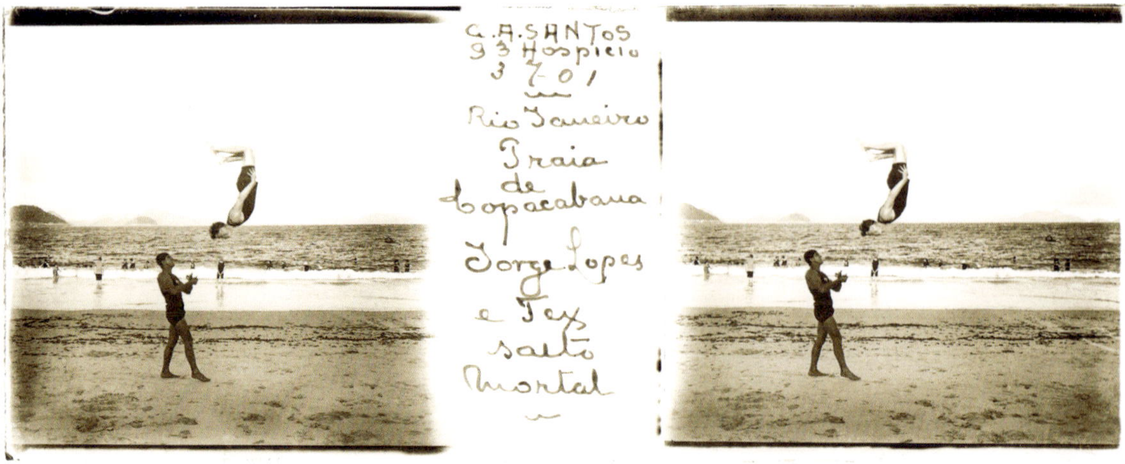

Guilherme Santos
(Rio de Janeiro,
RJ, 1871-1966)
*Rio de Janeiro,
praia de Copacaba-
na, Jorge Lopes e
[?], salto mortal*
Rio de Janeiro,
RJ, c. 1915

Photo Bippus Rio
(c. 1920)
Ressaca
Rio de Janeiro,
RJ, 25.04.1917

182
RIO DE JANEIRO, RESACA, 4.VII.25.
Photo Bippus RIO

Malla Phot.
A Resáca
Em frente á Avenida Central
Rio-24-4-06

Malla
A Grande Resáca - Rio-24-4-06 - Flamengo
Tomado dos fundos da Casa do Dr Frontin

Augusto Malta
(Mata Grande, AL, 1864 - Rio de Janeiro, RJ, 1957)
A ressaca em frente à avenida Central
Rio de Janeiro, RJ, 24.04.1906

Augusto Malta
(Mata Grande, AL, 1864 - Rio de Janeiro, RJ, 1957)
Grande ressaca tomada dos fundos da casa do dr. Frontin, Flamengo
Rio de Janeiro, RJ, 24.04.1906

Carlos Bippus
Ressaca, próximo ao Passeio Público, avenida Beira-Mar
Rio de Janeiro, RJ, 1913

PP. 142 – 143

Hermínia de Mello Nogueira Borges
(Rio de Janeiro, RJ, 1894-1993)
Alfinetes
Rio de Janeiro, RJ, 1926

Guilherme Santos
(Rio de Janeiro,
RJ, 1871-1966)
Sem título
Rio de Janeiro,
RJ, c. 1930

Frames do filme
Lábios sem beijos
Rio de Janeiro,
RJ, 1930
Direção: Humberto
Mauro (Volta Gran-
de, MG, 1897-1983)
Fotografia: Edgar
Brasil (Hamburgo,
Alemanha, 1903 -
Cruzeiro, RJ, 1954)

A maior historia de AMOR

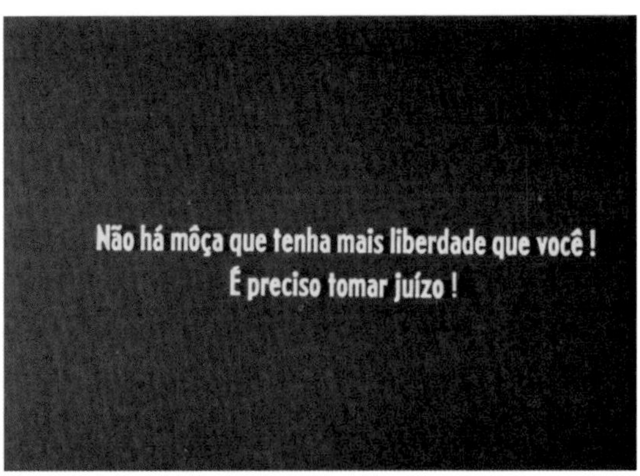
Não há môça que tenha mais liberdade que você !
É preciso tomar juízo !

Revista P'ra Você
Recife, PE,
1929-1930
Ilustração de Lula
Cardoso Ayres
(Recife, PE,
1910-1987)

A Vida Moderna,
ano XXI
São Paulo, SP,
25.01.1925

Fon-Fon,
ano XVI, n. 41
Rio de Janeiro,
RJ, 14.10.1922

Mascara,
ano III, n. 8
Porto Alegre, RS,
1920

Belém Nova,
ano IV, n. 73,
30.08.1927
Belém, PA

ANNO XXI — S. PAULO, 29 JANEIRO DE 1925 — NUM. 490
BEIJO DE MASCARA
Beijo — volupia, magia,
embriaguez que inebria . . .
Quando elle vem mascarado
no labio, que não mentia,
agora mente dobrado.
A Vida Moderna

791
AS ESTRELLAS DO CINE
Fannie Ward
Anno III
Mascara
Num. VIII

FON FON
Rio de Janeiro, 14 de Outubro de 1922
ANNO XVI — NUM. 41
Preço: 1$000

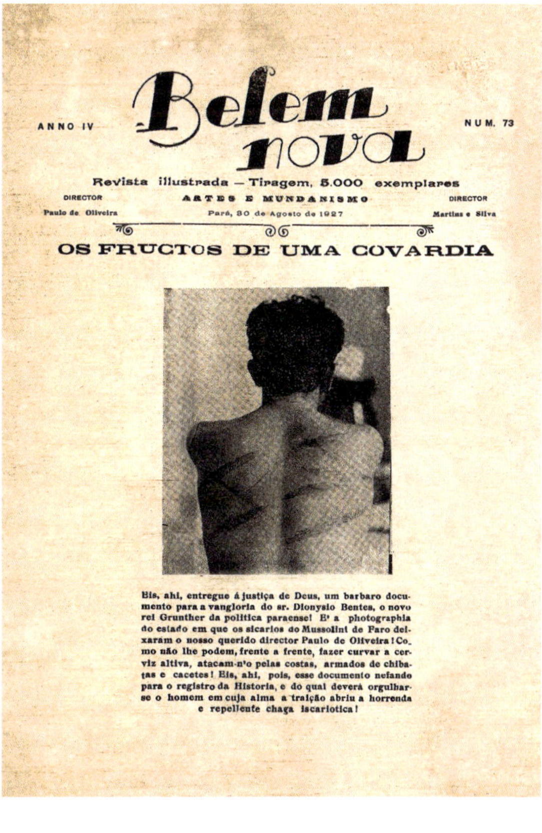

ANNO IV
Belem nova
NUM. 73
Revista illustrada — Tiragem, 5.000 exemplares
DIRECTOR
ARTES E MUNDANISMO
DIRECTOR
Paulo de Oliveira
Pará, 30 de Agosto de 1927
Martins e Silva
OS FRUCTOS DE UMA COVARDIA
Eis, ahi, entregue á justiça de Deus, um barbaro documento para a vangloria do sr. Dionysio Bentes, o novo rei Grunther da politica paraense! E' a photographia do estado em que os sicarios do Mussolini de Faro deixaram o nosso querido director Paulo de Oliveira! Como não lhe podem, frente a frente, fazer curvar a cerviz altiva, atacam-n'o pelas costas, armados de chibatas e cacetes! Eis, ahi, pois, esse documento nefando para o registro da Historia, e do qual deverá orgulhar-se o homem em cuja alma a traição abriu a horrenda e repellente chaga iscariotica!

Unica. Revista Feminina, n. 7
Salvador, BA, 1926

Rua Nova, ano II, n. 49
Recife, PE, 1926

O Malho, ano XVIII, n. 882
Rio de Janeiro, RJ, 09.08.1919
Ilustração de Di Cavalcanti (Rio de Janeiro, RJ, 1897-1976)

Fon-Fon
Rio de Janeiro,
RJ, 22.06.1918

Kodak, ano I, n. 19
Porto Alegre, RS,
15.02.1913
Ilustração de Giga
(pseudônimo de
Giuseppe Gaudenzi)
(Cesenatico, Itália, 1875 - Rio de
Janeiro, RJ, 1953)

Madrugada, ano I,
n. 1
Porto Alegre, RS,
25.09.1926
Ilustração de Sotero Cosme (Porto
Alegre, RS, 1901 -
Paris, França

Paratodos,
ano XI, n. 527
Rio de Janeiro, RJ,
19.01.1929
Ilustração de J.Carlos (Rio de Janeiro 1884-1950)

Revista da Semana,
ano XXIII, n. 47
Rio de Janeiro, RJ,
18.11.1922

Cruzeiro. Revista Semanal Ilustrada,
ano I, n. 6
Rio de Janeiro, RJ,
15.12.1928

Revista do Globo,
ano II, n. 21
Porto Alegre, RS,
18.11.1930

Revista do Globo,
ano II, n. 13
Porto Alegre, RS,
12.07.1930

Bahia Illustrada,
ano V, n. 40
Salvador, BA, 1921
Ilustração de Di
Cavalcanti (Rio de
Janeiro, RJ,
1897-1976)

Valério Vieira
(Angra dos Reis, RJ, 1862 - São Paulo, SP, 1941)
Fachada do Theatro Municipal
São Paulo, SP, 1911

IO GRATIS

Guilherme Gaensly (Wellhausen, Suíça, 1843 - São Paulo, SP, 1928)
Largo da Misericórdia; iluminação e coreto preparados para a visita do presidente Afonso Pena
São Paulo, SP, *c.* 1908

Autoria não identificada
Rua São Bento, durante a estada do presidente Afonso Pena
São Paulo, SP, 1908

Autoria não identificada
Praça Antônio Prado, durante a estada do presidente Afonso Pena
São Paulo, SP, 1908

Carlos Bippus
Passeio Público
Rio de Janeiro,
RJ, *c.* 1925

Photo Bippus Rio
(*c.* 1920)
Praia do Flamengo
Rio de Janeiro,
RJ, *c.* 1920

Photo Bippus RIO
PASSEIO PUBLICO. RIO DE JANEIRO
9

PRAIA FLAMENGO
RIO de JANEIRO. 12
Photo Bippus RIO

Thiele & Kollen
Exposição do Centenário 1922
Rio de Janeiro, RJ, 1922

NTENARIO 1922
BRASIL

Guilherme Santos
(Rio de Janeiro, RJ, 1871-1966)
Palácio Monroe iluminado para a chegada dos reis da Bélgica
Rio de Janeiro, RJ, 1920

Photo Bippus Rio
(c. 1920)
1º Centenário da Independência do Brasil
Rio de Janeiro, RJ, 1922

Atribuído a Photo Lopes Rio
Vista parcial da exposição
Rio de Janeiro, RJ, 07.09.1922

46
RIO DE JANEIRO
1º CENTENARIO DA INDEPENDENCIA DO BRASIL
EXPOSIÇÃO

3 VISTA PARCIAL DA EXPOSIÇÃO
7 9-1922
RIO DE JANEIRO

Guilherme Santos
(Rio de Janeiro,
RJ, 1871-1966)
*Demolição do morro
do Castelo*
Rio de Janeiro,
RJ, c. 1920

Guilherme Santos
(Rio de Janeiro,
RJ, 1871-1966)
*Habitantes do
morro do Castelo*
Rio de Janeiro,
RJ, c. 1920

Guilherme Santos
(Rio de Janeiro, RJ, 1871-1966)
Castelo, um aspecto das casas e seus habitantes
Rio de Janeiro, RJ, *c.* 1920

Guilherme Santos
(Rio de Janeiro, RJ, 1871-1966)
Rio, Castelo, um grupo de habitantes
Rio de Janeiro, RJ, *c.* 1920

Autoria não identificada
Morro do Castelo, transladação dos restos mortais de Estácio de Sá, Centro
Rio de Janeiro, RJ, 1922

PR Cª
DO
CASTELL

Augusto Malta
(Mata Grande, AL,
1864 - Rio de
Janeiro, RJ, 1957)
*Restos do obser-
vatório e igreja,
fruto da demoli-
ção do morro do
Castelo*
Rio de Janeiro,
RJ, 22.11.22

Autoria não
identificada
*Demolição do morro
do Castelo*
Rio de Janeiro,
RJ, 1922

Frames do filme *Tormenta*
Belo Horizonte, MG, 1930 (produção), 29.01.1931 (lançamento)
Direção: Arthur Serra
Fotografia: Igino Bonfioli (Verona, Itália, 1886 - Belo Horizonte, MG, 1965)

...a sedução do crime... o gran-
de prazer de vingar o ente a
quem devia a vida...

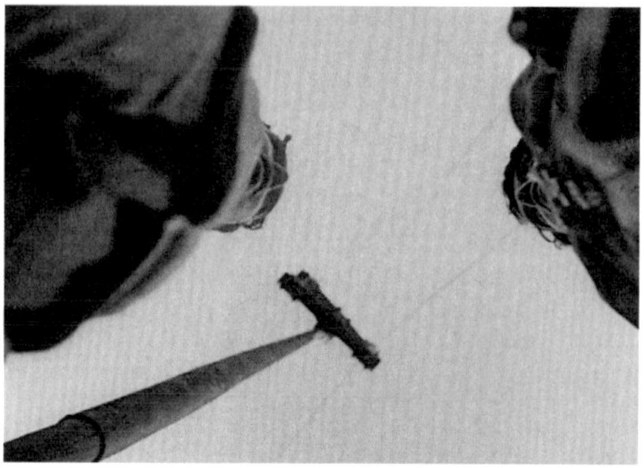

Frames do filme
Limite
Mangaratiba, RJ,
1931
Direção: Mário
Peixoto (Rio de
Janeiro, RJ,
1908-1992)
Fotografia: Edgar
Brasil (Hamburgo,
Alemanha, 1903 -
Cruzeiro, RJ, 1954)

"Carlito Encrencou
a Zona"

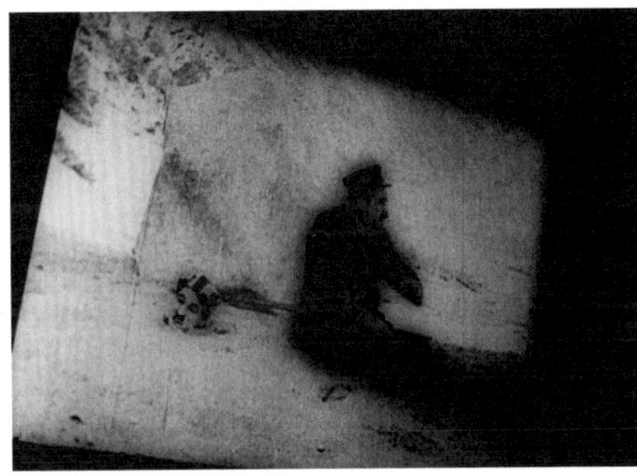

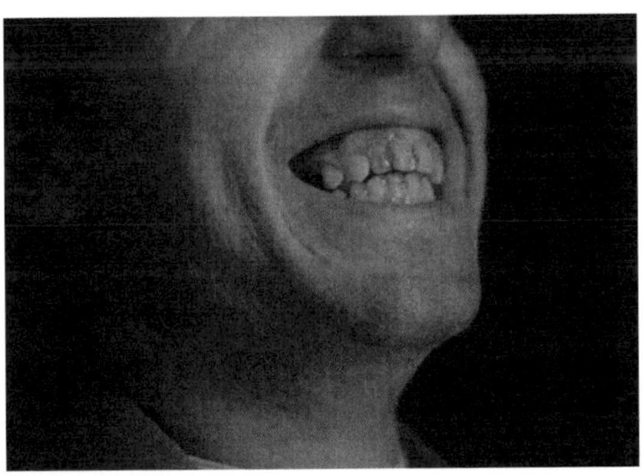

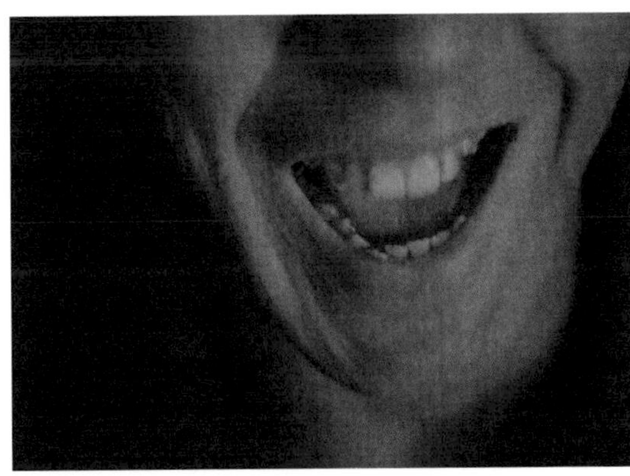

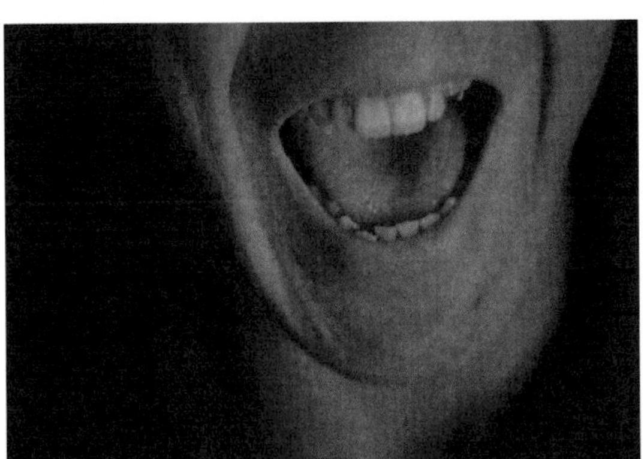

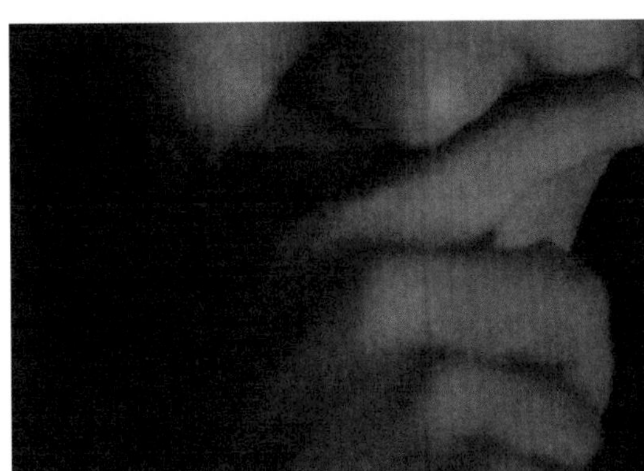

Guilherme Santos
(Rio de Janeiro,
RJ, 1871-1966)
*Desastre de
automóvel, praia
de Botafogo*
Rio de Janeiro,
RJ, c. 1925

MODERNA PELO AVESSO

Fotografia e cidade,
Brasil

1890 – 1930

OBRAS EXPOSTAS

Autoria não identificada

Rua do General Deodoro
Curral del Rey (atual Belo Horizonte), MG
c. 1895

Fotografia em papel de albumina e prata
21 x 27 cm
Acervo do Museu Histórico Abílio Barreto/ Fundação Municipal de Cultura/Coleção Comissão Construtora da Nova Capital

Autoria não identificada

Rua do Rosário
Curral del Rey (atual Belo Horizonte), MG
c. 1895

Fotografia em papel de albumina e prata
21 x 27 cm
Acervo do Museu Histórico Abílio Barreto/ Fundação Municipal de Cultura/Coleção Comissão Construtora da Nova Capital

Autoria não identificada

Usina elétrica de reserva, Av. Afonso Pena, Belo Horizonte, MG, Brasil
Curral del Rey (atual Belo Horizonte), MG
11.12.1897

Fotografia em papel de gelatina e prata
22,5 x 27 cm

Acervo Instituto Moreira Salles/Coleção Mestres do Século XIX, aquisição, 1995

Autoria não identificada

Inauguração da capital, Centro, Belo Horizonte, MG, Brasil
Curral del Rey (atual Belo Horizonte), MG
10.12.1897

Fotografia em papel de gelatina e prata
22,5 x 27 cm

Acervo Instituto Moreira Salles/Coleção Mestres do Século XIX, aquisição, 1995

João Martins Torres

Demolições entre as ruas do Rosário e Ouvidor, avenida Central, atual avenida Rio Branco
Rio de Janeiro, RJ
1904

Fotografia em papel de gelatina e prata
15,3 x 21,3 cm
Acervo Instituto Moreira Salles, aquisição, 2000

João Martins Torres

Comitiva oficial dando início aos trabalhos de construção da avenida Central, atual avenida Rio Branco
Rio de Janeiro, RJ
08.03.1904

Fotografia em papel de gelatina e prata
15,3 x 21,3 cm
Acervo Instituto Moreira Salles, aquisição, 2000

João Martins Torres

Nivelamento para construção da avenida Central, atual avenida Rio Branco
Rio de Janeiro, RJ
1904

Fotografia em papel de gelatina e prata
16,3 x 22,3 cm
Acervo Instituto Moreira Salles, aquisição, 2000

João Martins Torres

Construção da avenida Central, atual avenida Rio Branco, obras de preparação para pavimentação, trecho em direção à Prainha (atual praça Mauá)
Rio de Janeiro, RJ
1904

Fotografia em papel de gelatina e prata
16,3 x 22,2 cm
Acervo Instituto Moreira Salles, aquisição, 2000

João Martins Torres

Demolições para a construção da avenida Central, atual avenida Rio Branco
Rio de Janeiro, RJ
08.04.1904

Fotografia em papel de gelatina e prata
22,3 x 16,4 cm
Acervo Instituto Moreira Salles, aquisição, 2000

João Martins Torres

Demolição do morro do Castelo
Rio de Janeiro, RJ
1904

Fotografia em papel de gelatina e prata
16 x 24 cm
Acervo Instituto Moreira Salles, aquisição, 2000

João Martins Torres

Demolições na rua da Ajuda, aos pés do morro do Castelo
Rio de Janeiro, RJ
1904

Fotografia em papel de gelatina e prata
22,3 x 16,3 cm
Acervo Instituto Moreira Salles, aquisição, 2000

João Martins Torres

Engenheiros preparando o nivelamento dos terrenos, avenida Central, atual avenida Rio Branco
Rio de Janeiro, RJ
1904

Fotografia em papel de gelatina e prata
9,4 x 15,2 cm
Acervo Instituto Moreira Salles, aquisição, 2000

Francisco Du Bocage
(Portugal, 1860 - Bezerros, PE, 1919)

Bairro do Recife, atual Recife Antigo
Recife, PE
c. 1910

Fotografia em papel de gelatina e prata
8,1 x 29,5 cm
Acervo Instituto Moreira Salles, aquisição, 2002

Francisco Du Bocage
(Portugal, 1860 - Bezerros, PE, 1919)

Igreja do Corpo Santo, Lingueta, Bairro do Recife, atual Recife Antigo
Recife, PE
c. 1910

Fotografia em papel de gelatina e prata
10,8 x 29,7 cm
Acervo Instituto Moreira Salles, aquisição, 2003

Francisco Du Bocage
(Portugal, 1860 - Bezerros, PE, 1919)

Igreja do Corpo Santo, Bairro do Recife, atual Recife Antigo
Recife, PE
c. 1910

Fotografia em papel de gelatina e prata
10,9 x 29,3cm
Acervo Instituto Moreira Salles, aquisição, 2002

Francisco Du Bocage
(Portugal, 1860 - Bezerros, PE, 1919)

Dique do Nogueira
Recife, PE
1910

Fotografia em papel de gelatina e prata
8,2 x 29,1 cm
Fundação Joaquim Nabuco - Ministério da Educação

Atribuído a Francisco Du Bocage (Portugal, 1860 - Bezerros, PE, 1919)

Praça da Independência bairro de Santo Antônio, Recife, PE
c. 1910

Fotografia em papel de gelatina e prata
8,5 x 22,8 cm
Fundação Joaquim Nabuco - Ministério da Educação

Atribuído a Francisco Du Bocage (Portugal, 1860 - Bezerros, PE, 1919)

Ponte da Boa Vista
Recife, PE
c. 1900

Fotografia em papel de gelatina e prata
11,3 x 30,5 cm
Fundação Joaquim Nabuco - Ministério da Educação

Francisco Du Bocage (Portugal, 1860 - Bezerros, PE, 1919)

Rua do Imperador
Recife, PE
1915

Fotografia em papel de gelatina e prata
8,4 x 22,7 cm
Fundação Joaquim Nabuco - Ministério da Educação

Francisco Du Bocage (Portugal, 1860 - Bezerros, PE, 1919)

José Ignácio Guedes e família no sítio da Estrela, estrada do Arraial
Recife, PE
s.d.

Fotografia em papel de gelatina e prata
11,3 x 31 cm
Fundação Joaquim Nabuco - Ministério da Educação

Francisco Du Bocage (Portugal, 1860 - Bezerros, PE, 1919)

Demolição no Bairro do Recife, atual Recife Antigo, rua Domingos José Martins
Recife, PE
1913

Fotografia em papel de gelatina e prata
6,5 x 22,5 cm
Fundação Joaquim Nabuco - Ministério da Educação

Francisco Du Bocage (Portugal, 1860 - Bezerros, PE, 1919)

Igreja do Corpo Santo, Bairro do Recife, atual Recife Antigo
Recife, PE
c. 1910

Fotografia em papel de gelatina e prata
5,3 x 17,2 cm
Acervo Instituto Moreira Salles, aquisição, 2002

Francisco Du Bocage (Portugal, 1860 - Bezerros, PE, 1919)

Bairro do Recife, atual Recife Antigo
Recife, PE
c. 1910

Fotografia em papel de gelatina e prata
11 x 29,9 cm
Acervo Instituto Moreira Salles, aquisição, 2002

Francisco Du Bocage (Portugal, 1860 - Bezerros, PE, 1919)

Porto do Recife, construção de armazém
Recife, PE
c. 1910

Fotografia em papel de gelatina e prata
10,8 x 29,7 cm
Acervo Instituto Moreira Salles, aquisição, 2002

Francisco Du Bocage
(Portugal, 1860 -
Bezerros, PE, 1919)

Bairro do Recife, atual Recife Antigo, Lingueta
Recife, PE
c. 1910

Fotografia em papel de gelatina e prata
8,1 x 29 cm
Acervo Instituto Moreira Salles, aquisição, 2003

Olindo Belém
(Rio de Janeiro, RJ,
1873-1950)

Panorama de Belo Horizonte
Belo Horizonte, MG
22.06.1908

Pintura a óleo sobre fotografia
104 x 527 cm
Acervo do Museu Histórico Abílio Barreto/ Fundação Municipal de Cultura

Rodrigues & C°. editores e proprietários

Mirante do Corcovado; ao fundo, a baía de Guanabara e o Morro do Pão de Açúcar, Morro do Corcovado
Rio de Janeiro, RJ
1906

Estereoscopia em papel de gelatina e prata
7,5 x 15,5 cm
Acervo Instituto Moreira Salles/Coleção Mestres do Século XIX, aquisição, 1995

Marc Ferrez
(Rio de Janeiro, RJ,
1843-1923)

Vista do Pão de Açúcar tomada do Morro da Urca
Rio de Janeiro, RJ
c. 1912

Autocromo em vidro à base de corantes e prata
6 x 6,2 cm
Acervo Instituto Moreira Salles/Coleção Gilberto Ferrez, aquisição, 1998

Marc Ferrez
(Rio de Janeiro, RJ,
1843-1923)

Bairro de Botafogo tomado do Morro da Urca
Rio de Janeiro, RJ
c. 1912

Autocromo em vidro à base de corantes e prata
6 x 6,5 cm
Acervo Instituto Moreira Salles/Coleção Gilberto Ferrez, aquisição, 1998

Marc Ferrez
(Rio de Janeiro, RJ,
1843-1923)

Vista do Pão de Açúcar tomada do Morro da Urca
Rio de Janeiro, RJ
1914

Autocromo em vidro à base de corantes e prata
6 x 6,5 cm
Acervo Instituto Moreira Salles/Coleção Gilberto Ferrez, aquisição, 1998

Marc Ferrez
(Rio de Janeiro, RJ,
1843-1923)

Glória vista de Santa Teresa, Rua Dias de Barros, Santa Teresa
Rio de Janeiro, RJ
c. 1912

Autocromo em vidro à base de corantes e prata
6 x 6,5 cm
Acervo Instituto Moreira Salles/Coleção Gilberto Ferrez, aquisição, 1998

Marc Ferrez
(Rio de Janeiro, RJ,
1843-1923)

Estrada do Silvestre, Santa Teresa
Rio de Janeiro, RJ
c. 1912

Autocromo em vidro à base de corantes e prata
6,1 x 6,3 cm
Acervo Instituto Moreira Salles/Coleção Gilberto Ferrez, aquisição, 1998

Marc Ferrez
(Rio de Janeiro, RJ, 1843-1923)

Morro do Corcovado
Rio de Janeiro, RJ
c. 1912

Autocromo em vidro à base de corantes e prata
6 x 6,5 cm
Acervo Instituto Moreira Salles/Coleção Gilberto Ferrez, aquisição, 1998

Autoria não identificada

Cinema Pathé, avenida Rio Branco, Centro
Rio de Janeiro, RJ
c. 1919

Fotografia em papel de gelatina e prata
21,7 x 16 cm
Acervo Instituto Moreira Salles/Coleção Gilberto Ferrez, aquisição, 1998

Marc Ferrez
(Rio de Janeiro, RJ, 1843-1923)

Sala de espera do cinema Pathé, avenida Central, atual avenida Rio Branco
Rio de Janeiro, RJ
c. 1907

Fotografia em papel de gelatina e prata
22,5 x 16,8 cm
Acervo Instituto Moreira Salles/Coleção Gilberto Ferrez, aquisição, 1998

Marc Ferrez
(Rio de Janeiro, RJ, 1843-1923)

Interior do cinema Pathé, avenida Central, atual avenida Rio Branco
Rio de Janeiro, RJ
c. 1907

Fotografia em papel de gelatina e prata
22,5 x 16,8 cm
Acervo Instituto Moreira Salles/Coleção Gilberto Ferrez, aquisição, 1998

Augusto Malta
(Mata Grande, AL, 1864 - Rio de Janeiro, RJ, 1957)

Fachada de cinema
Rio de Janeiro, RJ
25.06.1926

Fotografia em papel de gelatina e prata
23 x 17,1 cm
Coleção Ruy Souza e Silva

Marc Ferrez
(Rio de Janeiro, RJ, 1843-1923)

Escadaria em interior de edifício
Rio de Janeiro, RJ
c. 1907

Negativo de vidro à base de gelatina e prata
40 x 30 cm
Acervo Instituto Moreira Salles/Coleção Gilberto Ferrez, aquisição, 1998

Autoria não identificada

Cartela do Cine Pathé
Rio de Janeiro, RJ
c. 1910

Slide em gelatina e prata sobre vidro para lanterna mágica
8,5 x 10 cm
Acervo Instituto Moreira Salles/Coleção Gilberto Ferrez, aquisição, 1998

Autoria não identificada

Cartela do Cine Pathé
Rio de Janeiro, RJ
c. 1910

Slide em gelatina e prata sobre vidro para lanterna mágica
8,5 x 10 cm
Acervo Instituto Moreira Salles/Coleção Gilberto Ferrez, aquisição, 1998

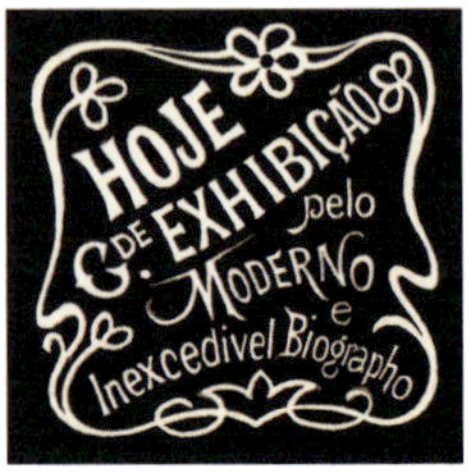

Autoria não identificada

Cartela do Cine Pathé
Rio de Janeiro, RJ
c. 1910

Slide em gelatina e prata sobre vidro para lanterna mágica
8,5 x 10 cm
Acervo Instituto Moreira Salles/Coleção Gilberto Ferrez, aquisição, 1998

Autoria não identificada

Cartela do Cine Pathé
Rio de Janeiro, RJ
c. 1910

Slide em gelatina e prata sobre vidro para lanterna mágica
8,5 x 10 cm
Acervo Instituto Moreira Salles/Coleção Gilberto Ferrez, aquisição, 1998

Autoria não identificada

Cartela do Cine Pathé
Rio de Janeiro, RJ
c. 1910

Slide em gelatina e prata sobre vidro para lanterna mágica
8,5 x 10 cm
Acervo Instituto Moreira Salles/Coleção Gilberto Ferrez, aquisição, 1998

Autoria não identificada

Cartela do Cine Pathé
Rio de Janeiro, RJ
c. 1910

Slide em gelatina e prata sobre vidro para lanterna mágica
8,5 x 10 cm
Acervo Instituto Moreira Salles/Coleção Gilberto Ferrez, aquisição, 1998

Autoria não identificada

Cartela do Cine Pathé
Rio de Janeiro, RJ
c. 1910

Slide em gelatina e prata sobre vidro para lanterna mágica
8,5 x 10 cm
Acervo Instituto Moreira Salles/Coleção Gilberto Ferrez, aquisição, 1998

Autoria não identificada

Cartela do Cine Pathé
Rio de Janeiro, RJ
c. 1910

Slide em gelatina e prata sobre vidro para lanterna mágica
8,5 x 10 cm
Acervo Instituto Moreira Salles/Coleção Gilberto Ferrez, aquisição, 1998

Autoria não identificada

Cartela do Cine Pathé
Rio de Janeiro, RJ
c. 1910

Slide em gelatina e prata sobre vidro para lanterna mágica
8,5 x 10 cm
Acervo Instituto Moreira Salles/Coleção Gilberto Ferrez, aquisição, 1998

Autoria não identificada

Cartela do Cine Pathé
Rio de Janeiro, RJ
c. 1910

Slide em gelatina e prata sobre vidro para lanterna mágica
8,5 x 10 cm
Acervo Instituto Moreira Salles/Coleção Gilberto Ferrez, aquisição, 1998

Direção: Aristides Junqueira (Ouro Preto, MG, 1879 - Belo Horizonte, MG, 1951)

Frames do filme *Reminiscências*
Belo Horizonte, MG
1909-1926

Telecinagem Full HD a partir de cópia 35 mm (preto e branco, silencioso) da Cinemateca do MAM do Rio de Janeiro, sob supervisão de Rodolfo Junqueira Fonseca e Hernani Heffner. Laboratório: Cinecolor - São Paulo, SP. Retirado do filme *Até onde pode chegar um filme família* (2019), dirigido por Rodolfo Junqueira Fonseca. Coleção Rodolfo Junqueira Fonseca

Vincenzo Pastore (Casamassima, Itália, 1865 - São Paulo, SP, 1918)

Retrato de Vincenzo Pastore com melancia, em múltipla exposição
São Paulo, SP
c. 1910

Fotografia em papel de albumina e prata
12,8 x 17,5 cm
Acervo Instituto Moreira Salles/Coleção Vincenzo Pastore, doação, 1996

Autoria não identificada

Retrato de Marie Lefebvre, companheira do fotógrafo Marc Ferrez, provavelmente autor desta imagem.
Local não identificado
s.d.

Autocromo em vidro à base de corantes e prata
Acervo Instituto Moreira Salles/Arquivo Brascan - 100 anos no Brasil

Valério Vieira (Angra dos Reis, RJ, 1862 - São Paulo, SP, 1941)

Os Trinta Valérios
São Paulo, SP
s.d.

Fotografia em papel de albumina e prata
32 x 40 cm
Coleção Ruy Souza e Silva

Valério Vieira (Angra dos Reis, RJ, 1862 - São Paulo, SP, 1941)

Expressões faciais em múltipla exposição; fotografias tiradas por câmera construída pelo autor
São Paulo, SP
c. 1890

Fotografia em papel de gelatina e prata
6,3 x 17,3 cm
Acervo Fundação Biblioteca Nacional - Brasil

Valério Vieira (Angra dos Reis, RJ, 1862 - São Paulo, SP, 1941)

Expressões faciais em múltipla exposição; fotografias tiradas por câmera construída pelo autor
São Paulo, SP
c. 1890

Fotografia em papel de gelatina e prata
6,1 x 17,1 cm
Acervo Fundação Biblioteca Nacional - Brasil

Valério Vieira (Angra dos Reis, RJ, 1862 - São Paulo, SP, 1941)

Expressões faciais em múltipla exposição; fotografias tiradas por câmera construída pelo autor
São Paulo, SP
c. 1890

Fotografia em papel de gelatina e prata
6,1 x 17,5 cm
Acervo Fundação Biblioteca Nacional - Brasil

Valério Vieira (Angra dos Reis, RJ, 1862 - São Paulo, SP, 1941)

Expressões faciais em múltipla exposição
Local não identificado
s.d.

Fotografia em papel de gelatina e prata
5,2 x 16,4 cm
Acervo Instituto Moreira Salles, doação, 2018

Valério Vieira
(Angra dos Reis, RJ, 1862 - São Paulo, SP, 1941)

Retrato cartão Boquét
São Paulo, SP
c. 1917

Fotografia om papel de albumina e prata
9,1 x 19,5 cm
Coleção Monsenhor Jamil Nassif Abib

Valério Vieira
(Angra dos Reis, RJ, 1862 - São Paulo, SP, 1941)

Sem título
São Paulo, SP
s.d.

Fotografia sobre papel de gelatina e prata em moldura de cartão impresso
10 x 7 cm
Coleção Ruy Souza e Silva

Valério Vieira
(Angra dos Reis, RJ, 1862 - São Paulo, SP, 1941)

Papel glassine com identificação do Estúdio Photographia Valerio
São Paulo, SP
s.d.

Impressão *offset* sobre papel
17 x 11 cm
Coleção Ruy Souza e Silva

Vírgilio Calegari
(Bérgamo, Itália, 1868 - Porto Alegre, RS, 1937)

Cine-Teatro Coliseu
Porto Alegre, RS
déc. 1910

Fotografia em papel de gelatina e prata
16,3 x 22,4 cm
Museu de Porto Alegre Joaquim José Felizardo

Vírgilio Calegari
(Bérgamo, Itália, 1868 - Porto Alegre, RS, 1937)

Doca do Mercado Público
Porto Alegre, RS
déc. 1870-1890

Fotografia em papel de gelatina e prata
16,4 x 21,5 cm
Museu de Porto Alegre Joaquim José Felizardo

Vírgilio Calegari
(Bérgamo, Itália, 1868 - Porto Alegre, RS, 1937)

O coração de Porto Alegre
Porto Alegre, RS
déc. 1910-1920

Fotografia em papel de gelatina e prata
17 x 22,5 cm
Museu de Porto Alegre Joaquim José Felizardo

Vírgilio Calegari
(Bérgamo, Itália, 1868 - Porto Alegre, RS, 1937)

Rua dos Andradas, Atelier Photographico Calegari
Porto Alegre, RS
déc. 1900

Fotografia em papel de gelatina e prata
15,1 x 22,5 cm
Museu de Porto Alegre Joaquim José Felizardo

Vírgilio Calegari
(Bérgamo, Itália, 1868 - Porto Alegre, RS, 1937)

Rua Marechal Floriano, esquina com praça XV de Novembro
Porto Alegre, RS
déc. 1910

Fotografia em papel de gelatina e prata
16,3 x 22,8 cm
Museu de Porto Alegre Joaquim José Felizardo

Vírgilio Calegari
(Bérgamo, Itália, 1868 -
Porto Alegre, RS, 1937)

Rua dos Andradas esquina com rua General Câmara
Porto Alegre, RS
déc. 1890-1910

Fotografia em papel de gelatina e prata
13,8 x 22,2 cm
Museu de Porto Alegre
Joaquim José Felizardo

Vírgilio Calegari
(Bérgamo, Itália, 1868 -
Porto Alegre, RS, 1937)

Mãe Rita
Porto Alegre, RS
s.d.

Fotografia em papel de gelatina e prata
21,9 x 16,7 cm
Museu de Porto Alegre
Joaquim José Felizardo

Vírgilio Calegari
(Bérgamo, Itália, 1868 -
Porto Alegre, RS, 1937)

Retrato de estúdio
Porto Alegre, RS
s.d.

Fotografia em papel de gelatina e prata
22 x 16,7 cm
Museu de Porto Alegre
Joaquim José Felizardo

Vírgilio Calegari
(Bérgamo, Itália, 1868 -
Porto Alegre, RS, 1937)

Retrato de estúdio
Porto Alegre, RS
Fim do séc. XIX

Fotografia em papel de gelatina e prata
22,5 x 16,3 cm
Museu de Porto Alegre
Joaquim José Felizardo

Vírgilio Calegari
(Bérgamo, Itália, 1868 -
Porto Alegre, RS, 1937)

Retrato de estúdio
Porto Alegre, RS
Fim do séc. XIX

Fotografia em papel de gelatina e prata
21,4 x 16,5 cm
Museu de Porto Alegre
Joaquim José Felizardo

Vírgilio Calegari
(Bérgamo, Itália, 1868 -
Porto Alegre, RS, 1937)

Mulher com turbante
Porto Alegre, RS
s.d.

Fotografia em papel de albumina e prata
23,5 x 16,8 cm
Museu de Porto Alegre
Joaquim José Felizardo

Vírgilio Calegari
(Bérgamo, Itália, 1868 -
Porto Alegre, RS, 1937)

Retrato de estúdio
Porto Alegre, RS
Início do séc. XX

Fotografia em papel de gelatina e prata
23 x 16 cm
Museu de Porto Alegre
Joaquim José Felizardo

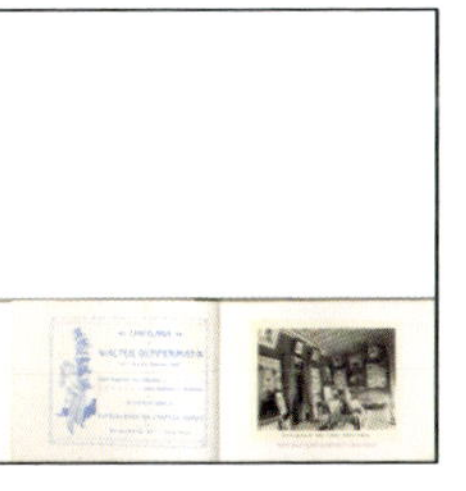

Atelier Calegari
(1920-1950)

Álbum de Porto Alegre
Porto Alegre, RS
1911

Álbum impresso
22,9 x 32,3 cm (aberto)
Secretaria de Estado da Cultura do Rio Grande do Sul - Museu de Comunicação Social Hipólito José da Costa

Vírgilio Calegari
(Bérgamo, Itália, 1868 - Porto Alegre, RS, 1937)

Retrato de estúdio
Porto Alegre, RS
déc. 1900-1910

Fotografia em papel de gelatina e prata
15 x 7,8 cm
Museu de Porto Alegre Joaquim José Felizardo

Vírgilio Calegari
(Bérgamo, Itália, 1868 - Porto Alegre, RS, 1937)

Retrato de estúdio
Porto Alegre, RS
s.d.

Fotografia em papel de gelatina e prata
21,7 cm x 16,5 cm
Museu de Porto Alegre Joaquim José Felizardo

Vírgilio Calegari
(Bérgamo, Itália, 1868 - Porto Alegre, RS, 1937)

Retrato de estúdio
Porto Alegre, RS
s.d.

Fotografia em papel de gelatina e prata
18,6 x 15,3 cm
Museu de Porto Alegre Joaquim José Felizardo

Vírgilio Calegari
(Bérgamo, Itália, 1868 - Porto Alegre, RS, 1937)

Exposição Agropecuária e Industrial do Rio Grande do Sul
Porto Alegre, RS
1901

Fotografia em gelatina e prata colada em álbum com encadernação em couro e gravação dourada
31 x 78 cm (aberto)
Museu de Porto Alegre Joaquim José Felizardo

Autoria não identificada

Exposição Nacional de 1908, matas, jardins, caça e pesca
Rio de Janeiro, RJ
1908

Cartão-postal impresso em litografia
13,8 x 9 cm
Coleção José Damasceno

Autoria não identificada

Exposição Nacional de 1908, palácio das Indústrias
Rio de Janeiro, RJ
1908

Cartão-postal impresso em litografia
9 x 13,8 cm
Coleção José Damasceno

Autoria não identificada

Palácio do Distrito Federal, Exp. Nacional de 1908
Rio de Janeiro, RJ
1908

Cartão-postal impresso em litografia
9 x 13,8 cm
Coleção José Damasceno

Américo Ribeiro
(Setúbal, Portugal, 1906-1992)

Exposição de 1908, pavilhão de São Paulo
Rio de Janeiro, RJ
s.d.

Fotografia em papel de gelatina e prata
13 x 18 cm
Coleção Ruy Souza e Silva

Américo Ribeiro
(Setúbal, Portugal,
1906-1992)

Exposição
Rio de Janeiro, RJ
s.d.

Fotografia em papel de
gelatina e prata
13 x 18 cm
Coleção Ruy Souza e
Silva

Augusto Malta
(Mata Grande, AL, 1864 -
Rio de Janeiro, RJ, 1957)

Expo de 1908, pavilhão do Distrito Federal
Rio de Janeiro, RJ
18.08.1908

Fotografia sobre papel
de gelatina e prata
23 x 28,5 cm
Coleção Ruy Souza e
Silva

Autoria não identificada

Livraria Alfacinha, de Eduardo A. Fernandes
Belém, PA
s.d.

Cartão-postal
impresso em processo
fotomecânico de
colotipia
14,1 x 9 cm
Coleção Monsenhor
Jamil Nassif Abib

Autoria não identificada

Rua Conselheiro João Alfredo
Belém, PA
c. 1908 (data de
postagem)

Cartão-postal
impresso em processo
fotomecânico de
colotipia
9 x 13,7 cm
Coleção Monsenhor
Jamil Nassif Abib

Autoria não identificada

Loja Paris-Londres
Belém, PA
s.d.

Fotografia em papel de
gelatina e prata
27,5 x 38 cm
Coleção Ruy Souza e
Silva

Autoria não identificada

Travessa Campos Salles (vendo-se o grande mostruário da Agência Martins
Belém, PA
s.d.

Cartão-postal
impresso em processo
fotomecânico de
colotipia
9 x 14 cm
Coleção Monsenhor
Jamil Nassif Abib

Autoria não identificada

Sem título
Belém, PA
s.d.

Cartão-postal
impresso em processo
fotomecânico de
colotipia
9,2 x 100 cm (aberto)
Coleção Monsenhor
Jamil Nassif Abib

Autoria não identificada

Rua Conselheiro João Alfredo
Belém, PA
s.d.

Cartão-postal
impresso em processo
fotomecânico de
colotipia
14 x 8,5 cm
Coleção Monsenhor
Jamil Nassif Abib

E.F. Oliveira Júnior (Editor)

Exposição no teatro da Paz
Belém, PA
s.d.

Cartão-postal impresso em processo fotomecânico de colotipia
9 x 13,6 cm
Coleção Monsenhor Jamil Nassif Abib

Papelaria Silva. Editor Alfredo Augusto Silva

Subúrbios de Belém, Maguary
Belém, PA
c. 1902 (data de postagem)

Cartão-postal impresso em processo fotomecânico de colotipia
9 x 14 cm
Coleção Monsenhor Jamil Nassif Abib

Editor M. Nogueira de Souza (1880-1943)

Rua da Imperatriz
Recife, PE
dedicatória datada de 15.10.1904

Cartão-postal impresso em processo fotomecânico de colotipia
14 x 9 cm
Fundação Joaquim Nabuco - Ministério da Educação/Josebias Bandeira

Autoria não identificada

Centro do Recife; foto postal com fotografia de sobrados e bondes
Recife, PE
1905

Cartão-postal em fotografia sobre papel de albumina e prata
9,1 x 14 cm
Fundação Joaquim Nabuco - Ministério da Educação/Josebias Bandeira

Direção: Ugo Falangola (Roma, Itália, 1879 - Recife, PE, 1974) e J. Cambière

Frames do filme *Veneza americana*
Recife, PE
1925

Filme preto e branco 35 mm, 68', tingimento e viragem, sem áudio
Acervo Cinemateca Brasileira - gestão da Sociedade Amigos da Cinemateca - SAC

João Martins Torres

O plantio de pau-brasil nos passeios centrais e a construção de edifícios, avenida Central, atual Avenida Rio Branco
Rio de Janeiro, RJ
set. 1905

Fotografia em papel de gelatina e prata
15,9 x 21,2 cm
Acervo Instituto Moreira Salles, aquisição, 2000

Autoria não identificada

Loja de postais Postal Cascata
Rio de Janeiro, RJ
s.d.

Cartão-postal impresso em processo fotomecânico de colotipia
14 x 9 cm
Coleção Monsenhor Jamil Nassif Abib

Autoria não identificada

Loja de postais T. Malta de Campos, avenida Central, atual avenida Rio Branco
Rio de Janeiro, RJ
s.d.

Cartão-postal impresso em processo fotomecânico de colotipia
14 x 8,8 cm
Coleção Monsenhor Jamil Nassif Abib

Hermínia de Mello Nogueira Borges (Rio de Janeiro, RJ, 1894-1993)

Alfinetes
Rio de Janeiro, RJ
1926

Fotografia em papel de gelatina e bromóleo
14,7 x 23,4 cm
Museu de Arte Moderna do Rio de Janeiro, doação White Martins

Hermínia de Mello Nogueira Borges (Rio de Janeiro, RJ, 1894-1993)

Apetitosas
Rio de Janeiro, RJ
1926

Fotografia em papel de gelatina e bromóleo
12 x 21 cm
Museu de Arte Moderna do Rio de Janeiro/ Doação da artista

Hermínia de Mello Nogueira Borges (Rio de Janeiro, RJ, 1894-1993)

Corredeira
Rio de Janeiro, RJ
1926

Fotografia em papel de gelatina e bromóleo
17,2 x 23,2 cm
Museu de Arte Moderna do Rio de Janeiro/ Doação da artista

Augusto Malta (Mata Grande, AL, 1864 - Rio de Janeiro, RJ, 1957)

Inauguração L. I. de Leite
Rio de Janeiro, RJ
10.11.1914

Fotografia em papel de gelatina e prata
18 x 24,1 cm
Acervo Instituto Moreira Salles/Coleção Pedro Corrêa do Lago, aquisição, 2002

Augusto Malta (Mata Grande, AL, 1864 - Rio de Janeiro, RJ, 1957)

Arcos da Lapa
Rio de Janeiro, RJ
12.03.1908

Fotografia em papel de gelatina e prata
23 x 28,7 cm
Coleção Ruy Souza e Silva

Aurélio Becherini (Mertecale de Vernio, Itália, 1879 - Brasil, 1939)

Rua de São João
São Paulo, SP
1912

Negativo de vidro à base de gelatina e brometo de prata
18 x 24 cm
Acervo Fotográfico do Museu da Cidade de São Paulo

Aurélio Becherini (Mertecale de Vernio, Itália, 1879 - Brasil, 1939)

Rua da Quitanda
São Paulo, SP
c. 1906

Negativo de vidro à base de gelatina e brometo de prata
24 x 18 cm
Acervo Fotográfico do Museu da Cidade de São Paulo

Aurélio Becherini (Mertecale de Vernio, Itália, 1879 - Brasil, 1939)

Avenida São João, vista da esquina da rua São Bento, em direção ao largo São Francisco
São Paulo, SP
c. 1915

Negativo em vidro à base de gelatina e brometo de prata
18 x 24 cm
Acervo Fotográfico do Museu da Cidade de São Paulo

Aurélio Becherini
(Mertecale de Vernio, Itália, 1879 - Brasil, 1939)

Rua Santa Teresa
São Paulo, SP
1910

Negativo em vidro à base de gelatina e brometo de prata
18 x 24 cm
Acervo Fotográfico do Museu da Cidade de São Paulo

Aurélio Becherini
(Mertecale de Vernio, Itália, 1879 - Brasil, 1939)

Quarteirão da Rua José Bonifácio, entre a rua Senador Paulo Egídio e a rua Quintino Bocaiúva
São Paulo, SP
c. 1916

Negativo em vidro à base de gelatina e brometo de prata
18 x 24 cm
Acervo Fotográfico do Museu da Cidade de São Paulo

Vincenzo Pastore
(Casamassima, Itália, 1865 - São Paulo, SP, 1918)

Grupo de pessoas na calçada
São Paulo, SP
c. 1910

Fotografia em papel de gelatina e prata
11,1 x 9 cm
Acervo Instituto Moreira Salles/Coleção Vincenzo Pastore, doação, 1996

Vincenzo Pastore
(Casamassima, Itália, 1865 - São Paulo, SP, 1918)

Homens conversando em banco de praça
São Paulo, SP
c. 1910

Fotografia em papel de gelatina e prata
8,1 x 11,6 cm
Acervo Instituto Moreira Salles/Coleção Vincenzo Pastore, doação, 1996

Vincenzo Pastore
(Casamassima, Itália, 1865 - São Paulo, SP, 1918)

Duas mulheres descansando em banco de praça
São Paulo, SP
c. 1910

Fotografia em papel de gelatina e prata
8 x 11,5 cm
Acervo Instituto Moreira Salles/Coleção Vincenzo Pastore, doação, 1996

Vincenzo Pastore
(Casamassima, Itália, 1865 - São Paulo, SP, 1918)

Duas mulheres conversando, proximidades do atual Parque Dom Pedro II
São Paulo, SP
c. 1910

Fotografia em papel de gelatina e prata
11,8 x 8 cm
Acervo Instituto Moreira Salles/Coleção Vincenzo Pastore, doação, 1996

Vincenzo Pastore
(Casamassima, Itália, 1865 - São Paulo, SP, 1918)

Encontro de mulheres, próximo ao mercado dos caipiras; ao fundo, a rua 25 de Março, próximo da rua General Carneiro
São Paulo, SP
c. 1910

Fotografia em papel de gelatina e prata
8,1 x 11,6 cm
Acervo Instituto Moreira Salles/Coleção Vincenzo Pastore, doação, 1996

Vincenzo Pastore
(Casamassima, Itália, 1865 - São Paulo, SP, 1918)

Mulher com criança no colo
São Paulo, SP
c. 1910

Fotografia em papel de gelatina e prata
11 x 7,9 cm
Acervo Instituto Moreira Salles/Coleção Vincenzo Pastore, doação, 1996

Vincenzo Pastore
(Casamassima, Itália,
1865 - São Paulo,
SP, 1918)

Grupo de pessoas ao redor de realejo, praça da República
São Paulo, SP
c. 1910

Fotografia em papel de
gelatina e prata
8 x 11,5 cm
Acervo Instituto Moreira
Salles/Coleção Vincenzo
Pastore, doação, 1996

Vincenzo Pastore
(Casamassima, Itália,
1865 - São Paulo,
SP, 1918)

Crianças em bebedouro de parque
São Paulo, SP
c. 1910

Fotografia em papel de
gelatina e prata
11,5 x 8,1 cm
Acervo Instituto Moreira
Salles/Coleção Vincenzo
Pastore, doação, 1996

Vincenzo Pastore
(Casamassima, Itália,
1865 - São Paulo,
SP, 1918)

Vendedoras de verduras, proximidades do atual Parque D.Pedro II
São Paulo, SP
c. 1910

Fotografia em papel de
gelatina e prata
11,7 x 8 cm
Acervo Instituto Moreira
Salles/Coleção Vincenzo
Pastore, doação, 1996

Vincenzo Pastore
(Casamassima, Itália,
1865 - São Paulo,
SP, 1918)

Comércio de frutas no mercado dos caipiras, anexo ao Mercado Municipal, esquina da rua 25 de Março com General Carneiro
São Paulo, SP
c. 1910

Fotografia em papel de
gelatina e prata
11,8 x 8 cm
Acervo Instituto Moreira
Salles/Coleção Vincenzo
Pastore, doação, 1996

Vincenzo Pastore
(Casamassima, Itália,
1865 - São Paulo,
SP, 1918)

Homem agachado junto a cestas de frutas ou legumes
São Paulo, SP
c. 1910

Fotografia em papel de
gelatina e prata
11,8 x 8,1 cm
Acervo Instituto Moreira
Salles/Coleção Vincenzo
Pastore, doação, 1996

Vincenzo Pastore
(Casamassima, Itália,
1865 - São Paulo,
SP, 1918)

Homem com cestos de frutas no chão
São Paulo, SP
c. 1910

Fotografia em papel de
gelatina e prata
11,7 x 8,1 cm
Acervo Instituto Moreira
Salles/Coleção Vincenzo
Pastore, doação, 1996

Vincenzo Pastore
(Casamassima, Itália,
1865 - São Paulo,
SP, 1918)

Pequenos prestadores de serviço jogando bola de gude, em frente à estação da luz
São Paulo, SP
c. 1910

Fotografia em papel de
gelatina e prata
11 x 8 cm
Acervo Instituto Moreira
Salles/Coleção Vincenzo
Pastore, doação, 1996

Vincenzo Pastore
(Casamassima, Itália,
1865 - São Paulo,
SP, 1918)

Garotos engraxates, área entre o jardim e a estação da luz
São Paulo, SP
c. 1910

Fotografia em papel de
gelatina e prata
11,5 x 8 cm
Acervo Instituto Moreira
Salles/Coleção Vincenzo
Pastore, doação, 1996

Vincenzo Pastore
(Casamassima, Itália,
1865 - São Paulo,
SP, 1918)

Meninos engraxates jogando bola de gude
São Paulo, SP
c. 1910

Fotografia em papel de gelatina e prata
8,1 x 11,8 cm
Acervo Instituto Moreira Salles/Coleção Vincenzo Pastore, doação, 1996

Vincenzo Pastore
(Casamassima, Itália,
1865 - São Paulo,
SP, 1918)

Homem idoso recostado em grade metálica, rua São João, em frente ao Bijou Salão
São Paulo, SP
c. 1910

Fotografia em papel de gelatina e prata
11,5 x 8 cm
Acervo Instituto Moreira Salles/Coleção Vincenzo Pastore, doação, 1996

Vincenzo Pastore
(Casamassima, Itália,
1865 - São Paulo,
SP, 1918)

Dois homens
São Paulo, SP
c. 1910

Fotografia em papel de gelatina e prata
11,1 x 8 cm
Acervo Instituto Moreira Salles/Coleção Vincenzo Pastore, doação, 1996

Vincenzo Pastore
(Casamassima, Itália,
1865 - São Paulo,
SP, 1918)

Mulheres descansando em banco de praça
São Paulo, SP
c. 1910

Fotografia em papel de gelatina e prata
8,1 x 11,4 cm
Acervo Instituto Moreira Salles/Coleção Vincenzo Pastore, doação, 1996

Vincenzo Pastore
(Casamassima, Itália,
1865 - São Paulo,
SP, 1918)

Homem consertando o próprio sapato
São Paulo, SP
c. 1910

Fotografia em papel de gelatina e prata
11,5 x 8,1 cm
Acervo Instituto Moreira Salles/Coleção Vincenzo Pastore, doação, 1996

Vincenzo Pastore
(Casamassima, Itália,
1865 - São Paulo,
SP, 1918)

Movimento em frente ao Mercado Municipal, esquina da rua 25 de Março com General Carneiro
São Paulo, SP
c. 1910

Fotografia em papel de gelatina e prata
8,1 x 11,6 cm
Acervo Instituto Moreira Salles/Coleção Vincenzo Pastore, doação, 1996

Vincenzo Pastore
(Casamassima, Itália,
1865 - São Paulo,
SP, 1918)

Carroça de coleta de lixo, rua Direita, entre o Largo da Misericórdia e a rua São Bento
São Paulo, SP
c. 1910

Fotografia em papel de gelatina e prata
11,6 x 8,4 cm
Acervo Instituto Moreira Salles/Coleção Vincenzo Pastore, doação, 1996

Vincenzo Pastore
(Casamassima, Itália,
1865 - São Paulo,
SP, 1918)

Mulheres conversando em área descampada, Parque D. Pedro II, próximo da embocadura da rua General Carneiro
São Paulo, SP
c. 1910

Fotografia em papel de gelatina e prata
8,1 x 11,8 cm
Acervo Instituto Moreira Salles/Coleção Vincenzo Pastore, doação, 1996

Vincenzo Pastore
(Casamassima, Itália, 1865 - São Paulo, SP, 1918)

Vendedor de vassouras no centro da cidade, rua DIreita, no trecho entre as ruas São Bento e Quintino Bocaiúva
São Paulo, SP
c. 1910

Fotografia em papel de gelatina e prata
11,1 x 8,2 cm
Acervo Instituto Moreira Salles/Coleção Vincenzo Pastore, doação, 1996

Vincenzo Pastore
(Casamassima, Itália, 1865 - São Paulo, SP, 1918)

Grupo de mulheres, vendedoras de verduras e transeunte, proximidades do atual Parque D. Pedro II
São Paulo, SP
c. 1910

Fotografia em papel de gelatina e prata
11,4 x 8 cm
Acervo Instituto Moreira Salles/Coleção Vincenzo Pastore, doação, 1996

Francisco Rebello
(Margão, Índia, 1890 - Recife, PE, 1965)

Palacete da miséria
Bairro de São José, Recife, PE
1928

Fotografia em papel de gelatina e prata
15,2 x 21,3 cm
Coleção Francisco Rebello

Francisco Rebello
(Margão, Índia, 1890 - Recife, PE, 1965)

Vendendo comida nas portas; mungunzá quentinho e gostoso
Bairro de São José, Recife, PE
1928

Fotografia em papel de gelatina e prata
23 x 14,4 cm
Coleção Francisco Rebello

Francisco Rebello
(Margão, Índia, 1890 - Recife, PE, 1965)

Vendedor de abacaxi
Cais de Santa Rita, Recife, PE
1927

Fotografia em papel de gelatina e prata
22,6 x 16,5 cm
Coleção Francisco Rebello

Francisco Rebello
(Margão, Índia, 1890 - Recife, PE, 1965)

Vendedor ambulante de água em cabaça
Marco Zero, Recife, PE
1926

Fotografia em papel de gelatina e prata
23,6 x 17,3 cm
Coleção Francisco Rebello

Francisco Rebello
(Margão, Índia, 1890 - Recife, PE, 1965)

Conferindo o troco
Bairro de São José, Recife, PE
s.d.

Fotografia em papel de gelatina e prata
23,2 x 16,5 cm
Coleção Francisco Rebello

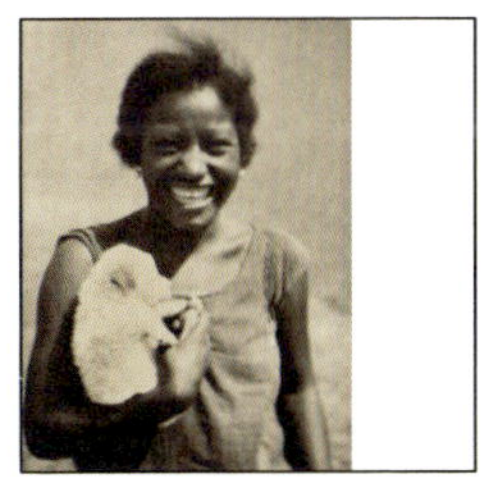

Francisco Rebello
(Margão, Índia, 1890 - Recife, PE, 1965)

Jovem, sorriso alegre
Arrabalde, Recife, PE
1930

Fotografia em papel de gelatina e prata
23,3 x 16,9 cm
Coleção Francisco Rebello

Francisco Rebello
(Margão, Índia, 1890 -
Recife, PE, 1965)

Mulher sentada em frente à porta da sua casa
Bairro São José,
Recife, PE
1928

Fotografia em papel
de gelatina e prata
23,1 x 17 cm
Coleção Francisco
Rebello

Francisco Rebello
(Margão, Índia, 1890 -
Recife, PE, 1965)

Corte de cabelo
Recife, PE
1927

Fotografia em papel de
gelatina e prata
17,1 x 22,8 cm
Coleção Francisco
Rebello

Francisco Rebello
(Margão, Índia, 1890 -
Recife, PE, 1965)

Criança no portão
Bairro do Espinheiro,
Recife, PE
1929

Fotografia em papel de
gelatina e prata
22,6 x 17,4 cm
Coleção Francisco
Rebello

Francisco Rebello
(Margão, Índia, 1890 -
Recife, PE, 1965)

Ilusão de óptica; pintor de parede
Bairro das Graças,
Recife, PE
1928

Fotografia em papel de
gelatina e prata
23,4 x 17 cm
Coleção Francisco
Rebello

Francisco Rebello
(Margão, Índia, 1890 -
Recife, PE, 1965)

Bica; matando a sede
Olinda, PE
1926

Fotografia em papel de
gelatina e prata
17,4 x 23,2 cm
Coleção Francisco
Rebello

Francisco Rebello
(Margão, Índia, 1890 -
Recife, PE, 1965)

Jovem pernambucana
Bairro do Espinheiro,
Recife, PE
1935

Fotografia em papel de
gelatina e prata
23,6 x 17,6 cm
Coleção Francisco
Rebello

Francisco Rebello
(Margão, Índia, 1890 -
Recife, PE, 1965)

Carnaval; sombra de folião
Praça da Independência,
Recife, PE
1928

Fotografia em papel de
gelatina e prata
17,8 x 23,6 cm
Coleção Francisco
Rebello

Francisco Rebello
(Margão, Índia, 1890 -
Recife, PE, 1965)

Encontro de lavadeiras à beira do rio Capibaribe
Recife, PE
1928

Fotografia em papel de
gelatina e prata
17,3 x 23,2 cm
Coleção Francisco
Rebello

Francisco Rebello
(Margão, Índia, 1890 -
Recife, PE, 1965)

Carnaval; passista com sombrinha
Praça da Independência,
Recife, PE
1927

Fotografia em papel de
gelatina e prata
23,5 x 17,7 cm
Coleção Francisco
Rebello

Francisco Rebello
(Margão, Índia, 1890 -
Recife, PE, 1965)

Carnaval; passista ao som do frevo pernambucano
Praça da Independência,
Recife, PE
1927

Fotografia em papel de
gelatina e prata
23,4 x 17,6 cm
Coleção Francisco
Rebello

Francisco Rebello
(Margão, Índia, 1890 -
Recife, PE, 1965)

Passistas
Praça da Independência,
bairro Santo Antônio,
Recife, PE
1924

Fotografia em papel de
gelatina e prata
16,1 x 23,1 cm
Coleção Francisco
Rebello

Francisco Rebello
(Margão, Índia, 1890 -
Recife, PE, 1965)

Carnaval; passista no passo
Praça da Independência,
Recife, PE
1927

Fotografia em papel de
gelatina e prata
20,5 x 12,5 cm
Coleção Francisco
Rebello

Francisco Rebello
(Margão, Índia, 1890 -
Recife, PE, 1965)

Carnaval; passistas no fim de bloco carnavalesco
Bairro de São José,
Recife, PE
1927

Fotografia em papel de
gelatina e prata
23,5 x 17,7 cm
Coleção Francisco
Rebello

Francisco Rebello
(Margão, Índia, 1890 -
Recife, PE, 1965)

Carnaval de três pessoas
Rua Primeiro de Março,
Recife, PE
1927

Fotografia em papel de
gelatina e prata
16,4 x 23,2 cm
Coleção Francisco
Rebello

Francisco Rebello
(Margão, Índia, 1890 -
Recife, PE, 1965)

Mulher lavando roupa na beira do rio Beberibe
Recife, PE
1928

Fotografia em papel de
gelatina e prata
16,3 x 23,4 cm
Coleção Francisco
Rebello

Francisco Rebello
(Margão, Índia, 1890 -
Recife, PE, 1965)

Trem de carga... a pé
Local não identificado
1928

Fotografia em papel de
gelatina e prata
17,4 x 20,4 cm
Coleção Francisco
Rebello

Francisco Rebello
(Margão, Índia, 1890 - Recife, PE, 1965)

Vendedor ambulante de couro
Recife, PE
1928

Fotografia em papel de gelatina e prata
22,2 x 14,8 cm
Coleção Francisco Rebello

Francisco Rebello
(Margão, Índia, 1890 - Recife, PE, 1965)

Abacaxi
Cais de Santa Rita, Recife, PE
1927

Fotografia em papel de gelatina e prata
15,7 x 23,4 cm
Coleção Francisco Rebello

Francisco Rebello
(Margão, Índia, 1890 - Recife, PE, 1965)

A hora do almoço
Bairro de Santo Antônio, Recife, PE
1926

Fotografia em papel de gelatina e prata
17,2 x 23 cm
Coleção Francisco Rebello

Francisco Rebello
(Margão, Índia, 1890 - Recife, PE, 1965)

Vendedores de abacaxi
Cais de Santa Rita, Recife, PE
1927

Fotografia em papel de gelatina e prata
15,3 x 21,1 cm
Coleção Francisco Rebello

Francisco Rebello
(Margão, Índia, 1890 - Recife, PE, 1965)

Sombra de criança andando de bicicleta
Bairro do Espinheiro, Recife, PE
s.d.

Fotografia em papel de gelatina e prata
17,5 x 23,5 cm
Coleção Francisco Rebello

Francisco Rebello
(Margão, Índia, 1890 - Recife, PE, 1965)

Trabalhadores leiteiros sentados
Bairro Santo Antônio, Recife, PE
1927

Fotografia em papel de gelatina e prata
17,5 x 22,4 cm
Coleção Francisco Rebello

Francisco Rebello
(Margão, Índia, 1890 - Recife, PE, 1965)

Blocos Quitandeira
Rua Nova, bairro de Santo Antônio, Recife, PE
1929

Fotografia em papel de gelatina e prata
23 x 17,3 cm
Coleção Francisco Rebello

Francisco Rebello
(Margão, Índia, 1890 - Recife, PE, 1965)

Passistas
Praça da Independência, bairro Santo Antônio, Recife, PE
1924

Fotografia em papel de gelatina e prata
16,4 x 22,4 cm
Coleção Francisco Rebello

Francisco Rebello
(Margão, Índia, 1890 -
Recife, PE, 1965)

Carnaval; dançando o frevo "Vassourinha"
Praça da Independência, Recife, PE
1924

Fotografia em papel de gelatina e prata
21,5 x 12,6 cm
Coleção Francisco Rebello

Francisco Rebello
(Margão, Índia, 1890 -
Recife, PE, 1965)

Músico; tocador de flauta
Olinda, PE
1927

Fotografia em papel de gelatina e prata
22,4 x 13,3 cm
Coleção Francisco Rebello

Francisco Rebello
(Margão, Índia, 1890 -
Recife, PE, 1965)

Homem deitado no chão; soneca da tarde
Olinda, PE
1924

Fotografia em papel de gelatina e prata
17,2 x 23,5 cm
Coleção Francisco Rebello

Francisco Rebello
(Margão, Índia, 1890 -
Recife, PE, 1965)

Vendedoras sentadas na rua; feiras recifenses
Recife, PE
1928

Fotografia em papel de gelatina e prata
17,2 x 22,8 cm
Coleção Francisco Rebello

Francisco Rebello
(Margão, Índia, 1890 -
Recife, PE, 1965)

Mulher levando água num pote para casa
Recife, PE
1926

Fotografia em papel de gelatina e prata
22,6 x 16,3 cm
Coleção Francisco Rebello

Francisco Rebello
(Margão, Índia, 1890 -
Recife, PE, 1965)

Varas de tirar frutos no pé; sítios
Recife, PE
1924

Fotografia em papel de gelatina e prata
23,2 x 17,5 cm
Coleção Francisco Rebello

Francisco Rebello
(Margão, Índia, 1890 -
Recife, PE, 1965)

Compras na Maison Chic
Rua Nova, Recife, PE
1926

Fotografia em papel de gelatina e prata
22,5 x 16,6 cm
Coleção Francisco Rebello

Jacques Huber
(Schleitheim, Suíça, 1867
- Belém, PA, 1914)

Procissão do Círio de Nazaré
Belém, PA
c. 1902

Negativo de vidro à base de gelatina e brometo de prata

Coleção particular

Jacques Huber
(Schleitheim, Suíça, 1867
- Belém, PA, 1914)

Procissão do Círio de Nazaré
Belém, PA
c. 1902

Negativo de vidro à base de gelatina e brometo de prata

Coleção particular

Jacques Huber
(Schleitheim, Suíça, 1867
- Belém, PA, 1914)

Procissão do Círio de Nazaré
Belém, PA
c. 1902

Negativo de vidro à base de gelatina e brometo de prata

Coleção particular

Jacques Huber
(Schleitheim, Suíça, 1867
- Belém, PA, 1914)

Procissão do Círio de Nazaré
Belém, PA
c. 1902

Negativo de vidro à base de gelatina e brometo de prata

Coleção particular

Jacques Huber
(Schleitheim, Suíça, 1867
- Belém, PA, 1914)

Procissão do Círio de Nazaré
Belém, PA
c. 1902

Negativo de vidro à base de gelatina e brometo de prata

Coleção particular

Jacques Huber
(Schleitheim, Suíça, 1867
- Belém, PA, 1914)

Procissão do Círio de Nazaré
Belém, PA
c. 1902

Negativo de vidro à base de gelatina e brometo de prata

Coleção particular

Jacques Huber
(Schleitheim, Suíça, 1867
- Belém, PA, 1914)

Procissão do Círio de Nazaré
Belém, PA
c. 1902

Negativo de vidro à base de gelatina e brometo de prata

Coleção particular

Jacques Huber
(Schleitheim, Suíça, 1867
- Belém, PA, 1914)

Procissão do Círio de Nazaré
Belém, PA
c. 1902

Negativo de vidro à base de gelatina e brometo de prata

Coleção particular

Jacques Huber
(Schleitheim, Suíça, 1867
- Belém, PA, 1914)

Procissão do Círio de Nazaré
Belém, PA
c. 1902

Negativo de vidro à base de gelatina e brometo de prata

Coleção particular

Jacques Huber
(Schleitheim, Suíça, 1867
- Belém, PA, 1914)

*Fungo da espécie
Phallus undusiatus*
Belém, PA
1904

Negativo de vidro à base
de gelatina e brometo
de prata
18 x 13 cm
Museu Paraense
Emílio Goeldi, Arquivo
Guilherme de La Penha,
Coleção Fotográfica

Jacques Huber
(Schleitheim, Suíça, 1867
- Belém, PA, 1914)

*Orquídea Coryanthes
speciosa, conhecida
como bolsa-de-pastor*
Belém, PA
out. 1909

Negativo de vidro à base
de gelatina e brometo
de prata
18 x 13 cm
Museu Paraense
Emílio Goeldi, Arquivo
Guilherme de La Penha,
Coleção Fotográfica

Jacques Huber
(Schleitheim, Suíça, 1867
- Belém, PA, 1914)

*Larvas de lepidóptero,
ordem de insetos que
abrange borboletas e
mariposas*
Belém, PA
s.d.

Negativo de vidro à base
de gelatina e brometo
de prata
18 x 13 cm
Museu Paraense
Emílio Goeldi, Arquivo
Guilherme de La Penha,
Coleção Fotográfica

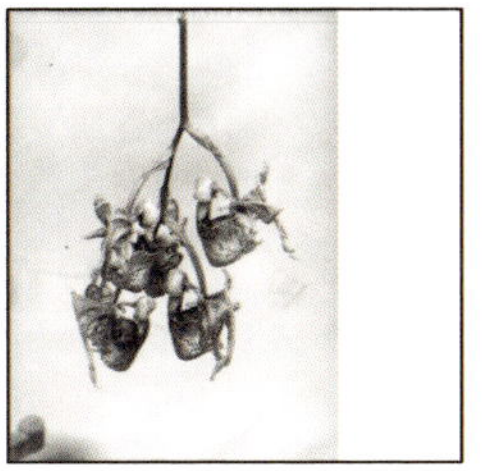

Jacques Huber
(Schleitheim, Suíça, 1867
- Belém, PA, 1914)

*Flores da orquídea
Coryanthes speciosa,
conhecida como bolsa-
de-pastor (detalhe)*
Belém, PA
out. 1909

Negativo de vidro à base
de gelatina e brometo
de prata
18 x 13 cm
Museu Paraense
Emílio Goeldi/Arquivo
Guilherme de La Penha,
Coleção Fotográfica

Jacques Huber
(Schleitheim, Suíça, 1867
- Belém, PA, 1914)

*Flor de Calathea sp.,
planta coletada no rio
Purus, em 1904*
Belém, PA
1904

Negativo de vidro à base
de gelatina e brometo
de prata
18 x 13 cm
Museu Paraense
Emílio Goeldi/Arquivo
Guilherme de La Penha,
Coleção Fotográfica

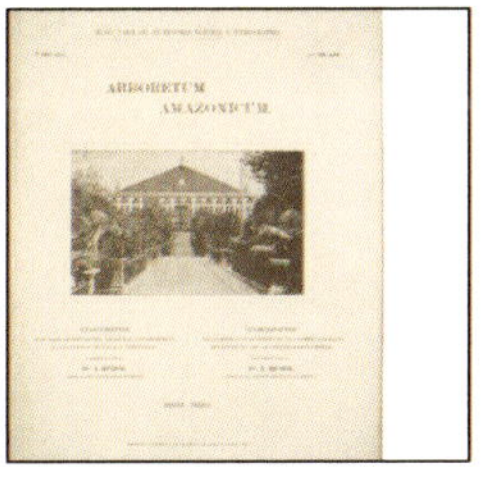

Jacques Huber
(Schleitheim, Suíça, 1867
- Belém, PA, 1914)

*Arboretum Amazonicum.
Iconographia dos
mais importantes
vegetaes espontaneos
e cultivados da região
amazonica, capa do
fascículo 1*
Belém: Museu Paraense
de Historia Natural e
Ethnographia
1900

Álbum impresso em
fototipia
32,7 x 24,7 cm
Museu Paraense
Emílio Goeldi/Arquivo
Guilherme de La Penha

Jacques Huber
(Schleitheim, Suíça, 1867
- Belém, PA, 1914)

*Mumbáca. Astrocaryum
Mumbáca. In:
Arboretum Amazonicum.
Iconographia dos
mais importantes
vegetaes espontaneos
e cultivados da região
amazonica, fascículo 1,
estampa 2*
Belém: Museu Paraense
de Historia Natural e
Ethnographia
1900

Álbum impresso em
fototipia
32,6 x 24,6 cm
Museu Paraense
Emílio Goeldi/Arquivo
Guilherme de La Penha

Jacques Huber
(Schleitheim, Suíça, 1867
- Belém, PA, 1914)

*Cumarú. Dipteryx
odorata. In: Arboretum
Amazonicum.
Iconographia dos
mais importantes
vegetaes espontaneos
e cultivados da região
amazonica, fascículo 2,
estampa 13*
Belém: Museu Paraense
de Historia Natural e
Ethnographia
1900

Álbum impresso em
fototipia
32,6 x 24,6 cm
Museu Paraense
Emílio Goeldi/Arquivo
Guilherme de La Penha

Jacques Huber (Schleitheim, Suíça, 1867 - Belém, PA, 1914)

Piquiá, Caryocar villosum. In: Arboretum Amazonicum. Iconographia dos mais importantes vegetaes espontaneos e cultivados da região amazonica, fascículo 4, estampa 35
Belém: Museu Paraense de Historia Natural e Ethnographia
1906

Álbum impresso em fototipia
32,6 x 24,6 cm
Museu Paraense Emílio Goeldi/Arquivo Guilherme de La Penha

Direção e fotografia: Igino Bonfioli (Verona, Itália, 1886 - Belo Horizonte, MG, 1965)

Frames do filme *Cerâmica Horizontina*
Belo Horizonte, MG
déc. 1920

Filme preto e branco 35 mm, sem áudio, 3' 38"
Acervo Cinemateca Brasileira - gestão da Sociedade Amigos da Cinemateca - SAC - Laboratório Memória e Cinema - Acervo Imagens de Minas - Escola de Belas Artes/UFMG

Autoria não identificada

Trabalhadores participam de comício realizado durante a primeira greve geral em São Paulo
São Paulo, SP
12.07.1917

Estadão Conteúdo

Autoria não identificada

Sem título
Local não identificado
s.d.

Fotografia em papel de gelatina e prata
17,3 x 23 cm
Coleção Ruy Souza e Silva

Autoria não identificada

Trabalho infantil
Local não identificado
s.d.

Fotografia em papel de gelatina e prata
12,7 x 17 cm
Coleção Ruy Souza e Silva

Augusto Malta (Mata Grande, AL, 1864 - Rio de Janeiro, RJ, 1957)

Fundição São Pedro, secretaria de modelação
Rio de Janeiro, RJ
s.d.

Fotografia em papel de albumina e prata
22,5 x 28,5 cm
Coleção Ruy Souza e Silva

Augusto Malta (Mata Grande, AL, 1864 - Rio de Janeiro, RJ, 1957)

Oficina de encadernação
Local não identificado
1928

Fotografia em papel de albumina e prata
22,3 x 28,3 cm
Coleção Ruy Souza e Silva

José Baptista Barreira Vianna (Viana do Castelo, Portugal, 1860 - Rio de Janeiro, RJ, 1925)

Interior da residência da família Barreira Vianna em Ipanema, na esquina da avenida Vieira Souto com rua Francisco Otaviano
Rio de Janeiro, RJ
c. 1900

Fotografia em papel de gelatina e prata
12 x 16,9 cm
Acervo Instituto Moreira Salles, doação, 2004

José Baptista Barreira Vianna (Viana do Castelo, Portugal, 1860 - Rio de Janeiro, RJ, 1925)

Interior da residência da família Barreira Vianna em Ipanema, na esquina da avenida Vieira Souto com rua Francisco Otaviano
Rio de Janeiro, RJ
c. 1900

Fotografia em papel de gelatina e prata
15,7 x 11,9 cm
Acervo Instituto Moreira Salles, doação, 2004

José Baptista Barreira Vianna (Viana do Castelo, Portugal, 1860 - Rio de Janeiro, RJ, 1925)

Interior da residência da família Barreira Vianna em Ipanema, na esquina da avenida Vieira Souto com rua Francisco Otaviano
Rio de Janeiro, RJ
c. 1900

Fotografia em papel de gelatina e prata
16,8 x 11,7 cm
Acervo Instituto Moreira Salles, doação, 2004

Marc Ferrez
(Rio de Janeiro, RJ, 1843-1923)

Interior da casa da família Ferrez, na rua Voluntários da Pátria, Botafogo
Rio de Janeiro, RJ
c. 1914

Estereoscopia de autocromo em vidro à base de corantes e prata
6 x 13 cm
Acervo Instituto Moreira Salles/Coleção Gilberto Ferrez, aquisição, 1998

Marc Ferrez
(Rio de Janeiro, RJ, 1843-1923)

Interior da casa da família Ferrez na rua Voluntários da Pátria, Botafogo,
Rio de Janeiro, RJ
c. 1914

Estereoscopia de autocromo em vidro à base de corantes e prata
6 x 13 cm
Acervo Instituto Moreira Salles/Coleção Gilberto Ferrez, aquisição, 1998

Augusto Malta
(Mata Grande, AL, 1864 - Rio de Janeiro, RJ, 1957)

Sala reservada onde o barão do Rio Branco trabalhava
Rio de Janeiro, RJ
16.02.1912

Fotografia em papel de gelatina e prata
22,7 x 28,7 cm
Acervo Instituto Moreira Salles/Coleção Gilberto Ferrez, aquisição, 1998

Augusto Malta
(Mata Grande, AL, 1864 - Rio de Janeiro, RJ, 1957)

Sala reservada onde o barão do Rio Branco trabalhava
Rio de Janeiro, RJ
16.02.1912

Fotografia em papel de gelatina e prata
22,5 x 28,5 cm
Acervo Instituto Moreira Salles/Coleção Gilberto Ferrez, aquisição, 1998

José Baptista Barreira Vianna (Viana do Castelo, Portugal, 1860 - Rio de Janeiro, RJ, 1925)

Interior da residência da família Barreira Vianna em Ipanema, na esquina da avenida Vieira Souto com rua Francisco Otaviano
Rio de Janeiro, RJ
c. 1900

Fotografia em papel de gelatina e prata
11,2 x 16,2 cm
Acervo Instituto Moreira Salles, doação, 2004

Marc Ferrez
(Rio de Janeiro, RJ, 1843-1923)

Interior da casa de Marc Ferrez, na rua Voluntários da Pátria, Botafogo
Rio de Janeiro, RJ
c. 1914

Autocromo em vidro à base de corantes e prata
6 x 13 cm
Acervo Instituto Moreira Salles/Coleção Gilberto Ferrez, aquisição, 1998

Alberto de Sampaio
(Rio de Janeiro, RJ,
1870-1931)

Filhos de Alberto e Cecília encenando o momento de fotografar
Local não identificado
1917

Negativo de vidro à base de gelatina e brometo de prata
12 x 16 cm
Coleção Flávia e Frank Abubakir - Instituto Flávia Abubakir

Alberto de Sampaio
(Rio de Janeiro, RJ,
1870-1931)

Filhos fotografando no quintal
Local não identificado
1917

Negativo de vidro à base de gelatina e brometo de prata
12 x 16 cm
Coleção Flávia e Frank Abubakir - Instituto Flávia Abubakir

Alberto de Sampaio
(Rio de Janeiro, RJ,
1870-1931)

Almoço
Local não identificado
s.d.

Negativo de vidro à base de gelatina e brometo de prata
8 x 11 cm
Coleção Flávia e Frank Abubakir - Instituto Flávia Abubakir

Alberto de Sampaio
(Rio de Janeiro, RJ,
1870-1931)

Provavelmente Alberto Soares de Sampaio de perfil
Local não identificado
s.d.

Negativo de vidro à base de gelatina e brometo de prata
16,5 x 12 cm
Coleção Flávia e Frank Abubakir - Instituto Flávia Abubakir

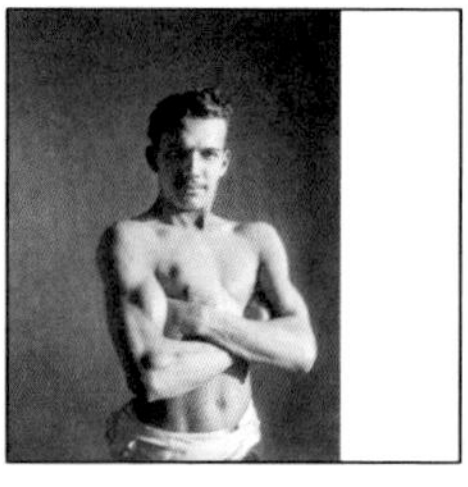

Alberto de Sampaio
(Rio de Janeiro, RJ,
1870-1931)

Lico
Local não identificado
1905

Negativo de vidro à base de gelatina e brometo de prata
16,5 x 12 cm
Coleção Flávia e Frank Abubakir - Instituto Flávia Abubakir

Alberto de Sampaio
(Rio de Janeiro, RJ,
1870-1931)

Retrato de Nhanhã
Local não identificado
1890

Negativo de vidro à base de gelatina e brometo de prata
16,5 x 12 cm
Coleção Flávia e Frank Abubakir - Instituto Flávia Abubakir

Alberto de Sampaio
(Rio de Janeiro, RJ,
1870-1931)

Álvaro e Bento encenando uma luta
Local não identificado
1904

Negativo de vidro à base de gelatina e brometo de prata
12 x 16 cm
Coleção Flávia e Frank Abubakir - Instituto Flávia Abubakir

Alberto de Sampaio
(Rio de Janeiro, RJ,
1870-1931)

John com os garnisés
Local não identificado
s.d.

Negativo de vidro à base de gelatina e brometo de prata
11 x 8 cm
Coleção Flávia e Frank Abubakir - Instituto Flávia Abubakir

Alberto de Sampaio
(Rio de Janeiro, RJ,
1870-1931)

Cecília lendo sentada na cama
Local não identificado
s.d.

Negativo de vidro à base de gelatina e brometo de prata
16 x 12 cm
Coleção Flávia e Frank Abubakir - Instituto Flávia Abubakir

Guilherme Santos
(Rio de Janeiro, RJ,
1871-1966)

Praia do Flamengo
Rio de Janeiro, RJ
c. 1930

Estereoscopia diapositiva de gelatina e prata sobre vidro
7,5 x 15,5 cm
Acervo Fundação Museu da Imagem e do Som do Rio de Janeiro

Guilherme Santos
(Rio de Janeiro, RJ,
1871-1966)

Praia do Flamengo
Rio de Janeiro, RJ
c. 1930

Estereoscopia diapositiva de gelatina e prata sobre vidro
7,5 x 15,5 cm
Acervo Fundação Museu da Imagem e do Som do Rio de Janeiro

Guilherme Santos
(Rio de Janeiro, RJ,
1871-1966)

Praia do Flamengo
Rio de Janeiro, RJ
c. 1930

Estereoscopia diapositiva de gelatina e prata sobre vidro
7,5 x 15,5 cm
Acervo Fundação Museu da Imagem e do Som do Rio de Janeiro

Guilherme Santos
(Rio de Janeiro, RJ,
1871-1966)

Rio de Janeiro, praia de Copacabana, Jorge Lopes e [?], salto mortal

Estereoscopia diapositiva de gelatina e prata sobre vidro
7,5 x 15,5 cm
Acervo Fundação Museu da Imagem e do Som do Rio de Janeiro

Guilherme Santos
(Rio de Janeiro, RJ,
1871-1966)

Praia do Flamengo
Rio de Janeiro, RJ
c. 1930

Estereoscopia diapositiva de gelatina e prata sobre vidro
7,5 x 15,5 cm
Acervo Fundação Museu da Imagem e do Som do Rio de Janeiro

Guilherme Santos
(Rio de Janeiro, RJ,
1871-1966)

Praia do Flamengo
Rio de Janeiro, RJ
c. 1930

Estereoscopia diapositiva de gelatina e prata sobre vidro
7,5 x 15,5 cm
Acervo Fundação Museu da Imagem e do Som do Rio de Janeiro

Guilherme Santos
(Rio de Janeiro, RJ,
1871-1966)

Banhos de 1915, srta. Luzia num lindo salto
Rio de Janeiro, RJ
c. 1915

Estereoscopia diapositiva de gelatina e prata sobre vidro
7,5 x 15,5 cm
Acervo Fundação Museu da Imagem e do Som do Rio de Janeiro

Guilherme Santos
(Rio de Janeiro, RJ, 1871-1966)

Rio de Janeiro, praia do Flamengo, assistindo ao banho
Rio de Janeiro, RJ
c. 1930

Estereoscopia diapositiva de gelatina e prata sobre vidro
7,5 x 15,5 cm
Acervo Fundação Museu da Imagem e do Som do Rio de Janeiro

Guilherme Santos
(Rio de Janeiro, RJ, 1871-1966)

Rio de Janeiro, Flamengo, banho de mar
Rio de Janeiro, RJ
1930

Estereoscopia diapositiva de gelatina e prata sobre vidro
7,5 x 15,5 cm
Acervo Fundação Museu da Imagem e do Som do Rio de Janeiro

Photo Bippus Rio
(c. 1920)

Ressaca
Rio de Janeiro, RJ
25.04.1917

Fotografia em papel Fresson
16 x 22 cm
Coleção Ruy Souza e Silva

Augusto Malta
(Mata Grande, AL, 1864 - Rio de Janeiro, RJ, 1957)

A ressaca em frente à avenida Central
Rio de Janeiro, RJ
24.04.1906

Fotografia em papel de gelatina e prata
22 x 29,3 cm
Coleção George Ermakoff

Augusto Malta
(Mata Grande, AL, 1864 - Rio de Janeiro, RJ, 1957)

Grande ressaca tomada dos fundos da casa do dr. Frontin, Flamengo
Rio de Janeiro, RJ
24.04.1906

Fotografia em papel de gelatina e prata
22 x 29,3 cm
Coleção George Ermakoff

Carlos Bippus

Ressaca, próximo ao Passeio Público, avenida Beira-Mar
Rio de Janeiro, RJ
1913

Fotografia em papel de gelatina e prata
15,8 x 21,8 cm
Acervo Instituto Moreira Salles, aquisição, 2002

Augusto Malta
(Mata Grande, AL, 1864 - Rio de Janeiro, RJ, 1957)

A ressaca, praia do Flamengo em frente à rua Dois de Dezembro: a vista foi tomada tendo por fundo o Pão de Açúcar e a barra, que ficaram encobertos pelas vagas suspensas, como se vê. Instantâneo de 1/75 de segundo, 6 horas da tarde; a parte clara no alto da onda estava iluminada pelo sol, o resto estava em plena sombra
Rio de Janeiro, RJ
24.04.1906

Fotografia sobre papel
22 x 29,3 cm
Coleção George Ermakoff

Augusto Malta
(Mata Grande, AL, 1864 - Rio de Janeiro, RJ, 1957)

Balaústre da avenida Central, Casa de Banhos
Rio de Janeiro, RJ
24.04.1906

Fotografia sobre papel de gelatina e prata
22 x 29,3 cm
Coleção George Ermakoff

Carlos Bippus

Ressaca
Rio de Janeiro, RJ
c. 1920

Fotografia em papel de gelatina e prata com viragem verde
16 x 22 cm
Museu de Arte Moderna do Rio de Janeiro, doação White Martins

Carlos Bippus

Rio de Janeiro, ressaca
Rio de Janeiro, RJ
c. 1925

Fotografia sobre papel
16 x 22 cm
Coleção George Ermakoff

Guilherme Santos (Rio de Janeiro, RJ, 1871-1966)

Sem título
Rio de Janeiro, RJ
c. 1930

Estereoscopia diapositiva de gelatina e prata sobre vidro
7,5 x 15,5 cm
Acervo Fundação Museu da Imagem e do Som do Rio de Janeiro

Direção: Humberto Mauro (Volta Grande, MG, 1897-1983); Fotografia: Edgar Brasil (Hamburgo, Alemanha, 1903 - Cruzeiro, RJ, 1954)

Frames do filme *Lábios sem beijos*
Rio de Janeiro, RJ
1930

Filme preto e branco
35 mm, 53', sem áudio
Acervo Cinedia/Alice Gonzaga

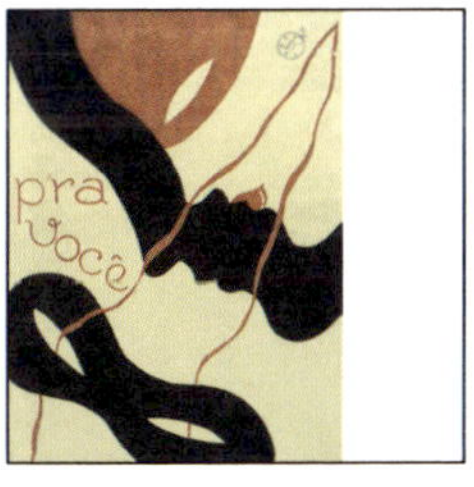

Revista *P'ra Você*
Recife, PE
1929-1930

Revista impressa
31,5 x 23 cm
Ilustração de Lula Cardoso Ayres (Recife, PE, 1910-1987).
Fundação Joaquim Nabuco - Ministério da Educação/Josebias Bandeira

Rua Nova, ano II, n. 49
Recife, PE
1926

Revista impressa
26,2 x 18 cm
Acervo Fundação Biblioteca Nacional - Brasil

Mascara, ano III, n. 8
Porto Alegre, RS
1920

Revista impressa
26 x 18 cm
Acervo Fundação Biblioteca Nacional - Brasil

Bahia Illustrada, ano V, n. 40
Salvador, BA
1921

Revista impressa
32,6 x 23,7 cm
Ilustração de Di Cavalcanti (Rio de Janeiro, RJ, 1897-1976)
Acervo Fundação Biblioteca Nacional - Brasil

A Vida Moderna, ano XXI
São Paulo, SP
25.01.1925

Revista impressa
26,5 x 18 cm
Acervo Fundação
Biblioteca Nacional -
Brasil

Fon-Fon, ano XVI, n. 41
Rio de Janeiro, RJ
14.10.1922

Revista impressa
26,5 x 17,5 cm
Acervo Fundação
Biblioteca Nacional -
Brasil

A Vida Moderna, n. 488
São Paulo, SP
1924

Revista impressa
26,5 x 17,5 cm
Acervo Fundação
Biblioteca Nacional -
Brasil

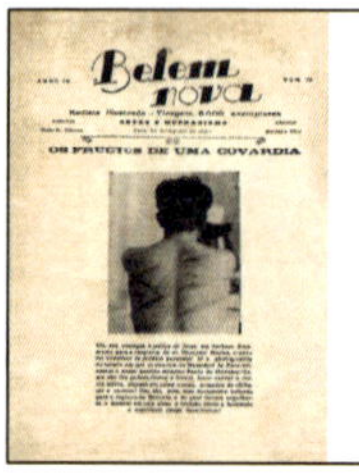

Belém Nova, ano IV, n. 73
Belém, PA
30.08.1927

Revista impressa
28 x 18 cm
Fundação Cultural do
Pará, Biblioteca Pública
Arthur Vianna - Setor de
Obras Raras

Unica. Revista Feminina,
n. 7
Salvador, BA
1926

Revista impressa
31 x 22 cm
Acervo Fundação
Biblioteca Nacional -
Brasil

Unica. Revista Feminina,
n. 8
Salvador, BA
1926

Revista impressa
31 x 22 cm
Acervo Fundação
Biblioteca Nacional -
Brasil

O Malho,
ano XVIII, n. 882
Rio de Janeiro, RJ
09.08.1919

Revista impressa
30,7 x 22 cm
Ilustração de Di
Cavalcanti (Rio de
Janeiro, RJ, 1897-1976)
Acervo Fundação
Biblioteca Nacional -
Brasil

Fon-Fon
Rio de Janeiro, RJ
22.06.1918

Revista impressa
26 x 18 cm
Coleção José
Damasceno

Kodak, ano I, n. 19
Porto Alegre, RS
15.02.1913

Revista impressa
Ilustração de Giga, pseudônimo de Giuseppe Gaudenzi (Cesenatico, Itália, 1875 - Rio de Janeiro, RJ, 1953)
Coleção Paula Ramos

Madrugada, ano I, n. 1
Porto Alegre, RS
25.09.1926

Fac-símile de revista impressa (2006)
29,5 x 21,5 cm
Ilustração de Sotero Cosme (Porto Alegre, RS, 1901 - Paris, França, 1978)
Acervo Instituto Moreira Salles, doação, 2022

Paratodos, ano XI, n. 527
Rio de Janeiro, RJ
19.01.1929

Revista impressa
31,5 x 23,4 cm
Ilustração de J.Carlos (Rio de Janeiro, 1884-1950)
Coleção José Damasceno

Revista da Semana, ano XXIII, n. 47
Rio de Janeiro, RJ
18.11.1922

Revista impressa
36 x 27 cm
Coleção José Damasceno

Cruzeiro. Revista Semanal Ilustrada, ano I, n. 6
Rio de Janeiro, RJ
15.12.1928

Revista impressa
33 x 25 cm
Coleção José Damasceno

Revista do Globo, ano II, n. 21
Porto Alegre, RS
18.11.1930

Revista impressa
27,5 x 21,5 cm
Coleção Paula Ramos

Revista do Globo, ano II, n. 13
Porto Alegre, RS
12.07.1930

Revista impressa
27,5 x 21,5 cm
Coleção Paula Ramos

Revista do Globo, ano I, n. 1
Porto Alegre, RS
05.01.1929

Revista impressa
28,5 x 22,5 cm
Ilustração de Sotero Cosme (Porto Alegre, RS, 1901 - Paris, França, 1978)
Coleção Paula Ramos

Guilherme Santos
(Rio de Janeiro, RJ, 1871-1966)

Desastre de automóvel, praia de Botafogo
Rio de Janeiro, RJ
c. 1925

Estereoscopia diapositiva de gelatina e prata sobre vidro
4,5 x 11 cm
Acervo Instituto Moreira Salles, aquisição, 2013

Valério Vieira
(Angra dos Reis, RJ, 1862 - São Paulo, SP, 1941)

Fachada do Theatro Municipal
São Paulo, SP
1911

Pintura a óleo sobre fotografia
124 x 261 cm
Coleção de Arte da Cidade/Supervisão de Acervo/CCSP/SMC/PMSP

Guilherme Gaensly
(Wellhausen, Suíça, 1843 - São Paulo, SP, 1928)

Largo da Misericórdia; iluminação e coreto preparados para a visita do presidente Afonso Pena
São Paulo, SP
c. 1908

Fotografia em papel de gelatina e prata
16 x 22,2 cm
Acervo da Fundação Energia e Saneamento

Autoria não identificada

Rua São Bento, durante a estada do presidente Afonso Pena
São Paulo, SP
1908

Fotografia em papel de gelatina e prata
16,4 x 22,4 cm
Acervo da Fundação Energia e Saneamento

Autoria não identificada

Praça Antônio Prado, durante a estada do presidente Afonso Pena
São Paulo, SP
1908

Fotografia em papel de gelatina e prata
16,2 x 22,2 cm
Acervo da Fundação Energia e Saneamento

Autoria não identificada

Arco do Triunfo, na entrada do viaduto, durante a estada do presidente Afonso Pena
São Paulo, SP
1908

Fotografia em papel de gelatina e prata
16,2 x 22 cm
Acervo da Fundação Energia e Saneamento

Autoria não identificada

Avenida Brigadeiro Luís Antônio
São Paulo, SP
déc. 1920

Fotografia em papel de gelatina e prata
16,5 x 22,5 cm
Acervo Instituto Moreira Salles/Arquivo Brascan - 100 Anos no Brasil, doação, 2002

Autoria não identificada

Rua Líbero Badaró
São Paulo, SP
déc. 1920

Fotografia em papel de gelatina e prata
16,5 x 22,5 cm
Acervo Instituto Moreira Salles/Arquivo Brascan - 100 Anos no Brasil, doação, 2002

Guilherme Gaensly
(Wellhausen, Suíça, 1843 - São Paulo, SP, 1928)

Rua Quinze de Novembro, numa tomada em direção à praça da Sé, na altura do entroncamento da rua 3 de Dezembro; iluminação preparada para a visita do presidente Afonso Pena
São Paulo, SP
10.03.1908

Fotografia em papel de gelatina e prata
16,2 x 22,3 cm
Acervo da Fundação Energia e Saneamento/ Eletropaulo - Eletricidade de São Paulo S/A/Departamento de Patrimônio Histórico da Eletropaulo

Carlos Bippus

Passeio Público
Rio de Janeiro, RJ
c. 1925

Fotografia sobre papel de gelatina e prata
16 x 22 cm
Coleção George Ermakoff

Photo Bippus Rio
(*c.* 1920)

Praia do Flamengo
Rio de Janeiro, RJ
c. 1920

Fotografia em papel de gelatina e prata
16 x 22 cm
Coleção Ruy Souza e Silva

Photo Bippus Rio
(*c.* 1920)

Exposição Internacional do Centenário da Independência, Centro
Rio de Janeiro, RJ
1922

Fotografia em papel de gelatina e prata
21,5 x 58 cm (aberto)
Acervo Instituto Moreira Salles/Coleção Mestres do Século XIX, aquisição, 1995

Atribuído a
Photo Lopes Rio

Vista parcial da exposição
Rio de Janeiro, RJ
07.09.1922

Fotografia em papel de gelatina e prata
16 x 22 cm
Coleção George Ermakoff

Thiele & Kollen

Exposição do Centenário de 1922
Rio de Janeiro, RJ
1922

Fotografia em papel de gelatina e prata
16 x 43,5 cm (aberto)
Museu de Arte Moderna do Rio de Janeiro, doação White Martins

Guilherme Santos
(Rio de Janeiro, RJ, 1871-1966)

Palácio Monroe iluminado para a chegada dos reis da Bélgica
Rio de Janeiro, RJ
1920

Estereoscopia diapositiva de gelatina e prata sobre vidro
4,5 x 11 cm
Acervo Instituto Moreira Salles, aquisição, 2013

Autoria não identificada

Álbum Exposição Internacional Rio de Janeiro
Rio de Janeiro, RJ
Set. 1922

Álbum impresso
10 x 17 cm (fechado)
Coleção José Damasceno

Carlos Bippus

Canal do Mangue, conjunção do planeta Vênus com a lua
Rio de Janeiro, RJ
c. 1925

Fotografia sobre papel de gelatina e prata
16 x 22 cm
Coleção George Ermakoff

Carlos Bippus

Avenida Niemeyer
Rio de Janeiro, RJ
s.d.

Fotografia sobre papel de gelatina e prata
16 x 22 cm
Coleção Ruy Souza e Silva

Photo Bippus Rio (c. 1920)

1º Centenário da Independência do Brasil
Rio de Janeiro, RJ
1922

Fotografia em papel de gelatina e prata
16,3 x 22,3 cm
Coleção Patrícia e Waltércio Caldas

Photo Bippus Rio (c. 1920)

1º Centenário da Independência do Brasil
Rio de Janeiro, RJ
1922

Fotografia em papel de gelatina e prata
16,3 x 22,3 cm
Coleção Patrícia e Waltércio Caldas

Photo Lopes Rio

Copacabana
Rio de Janeiro, RJ
s.d.

Fotografia em papel de gelatina e prata
16 x 22 cm
Coleção José Damasceno

Photo Lopes Rio

Botafogo visto da Urca; crepúsculo
Rio de Janeiro, RJ
s.d.

Fotografia em papel de gelatina e prata
16 x 22 cm
Coleção José Damasceno

Photo Lopes Rio

Avenida Rio Branco, Centro
Rio de Janeiro, RJ
c. 1920

Fotografia em papel de gelatina e prata
16 x 21,9 cm
Acervo Instituto Moreira Salles/Coleção Mestres do Século XIX, aquisição, 1995

Autoria não identificada

Castelo, um aspecto das casas e seus habitantes
Rio de Janeiro, RJ
c. 1920

Estereoscopia diapositiva de gelatina e prata sobre vidro
7,5 x 15,5 cm
Acervo Fundação Museu da Imagem e do Som do Rio de Janeiro

Guilherme Santos
(Rio de Janeiro, RJ, 1871-1966)

Demolição do morro do Castelo
Rio de Janeiro, RJ
c. 1920

Estereoscopia diapositiva de gelatina e prata sobre vidro
7,5 x 15,5 cm
Acervo Fundação Museu da Imagem e do Som do Rio de Janeiro

Guilherme Santos
(Rio de Janeiro, RJ, 1871-1966)

Castelo, um aspecto das casas e seus habitantes
Rio de Janeiro, RJ
c. 1920

Estereoscopia diapositiva de gelatina e prata sobre vidro
7,5 x 15,5 cm
Acervo Fundação Museu da Imagem e do Som do Rio de Janeiro

Guilherme Santos
(Rio de Janeiro, RJ, 1871-1966)

Rio, Castelo, um grupo de habitantes
Rio de Janeiro, RJ
c. 1920

Estereoscopia diapositiva de gelatina e prata sobre vidro
7,5 x 15,5 cm
Acervo Fundação Museu da Imagem e do Som do Rio de Janeiro

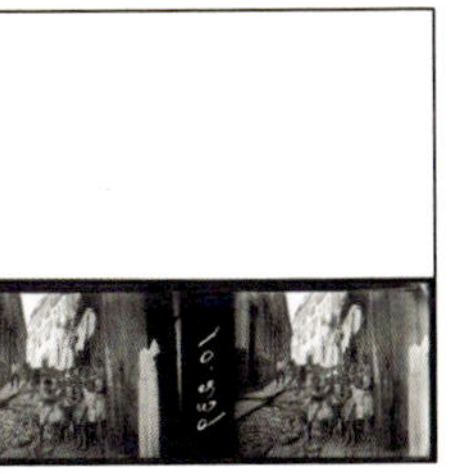

Guilherme Santos
(Rio de Janeiro, RJ, 1871-1966)

Habitantes do morro do Castelo
Rio de Janeiro, RJ
c. 1920

Estereoscopia diapositiva de gelatina e prata sobre vidro
7,5 x 15,5 cm
Acervo Fundação Museu da Imagem e do Som do Rio de Janeiro

Augusto Malta
(Mata Grande, AL, 1864 - Rio de Janeiro, RJ, 1957)

Rio das Caboclas, nos fundos da rua do Ypiranga
Rio de Janeiro, RJ
02.01.1906

Fotografia sobre papel de gelatina e prata
26,5 x 22 cm
Coleção Ruy Souza e Silva

Augusto Malta
(Mata Grande, AL, 1864 - Rio de Janeiro, RJ, 1957)

Restos do observatório e igreja, fruto da demolição do morro do Castelo
Rio de Janeiro, RJ
22.11.22

Fotografia em papel de gelatina e prata
10,4 x 15 cm
Acervo Instituto Moreira Salles/Coleção Gilberto Ferrez, aquisição, 1998

Autoria não identificada

Demolição do morro do Castelo
Rio de Janeiro, RJ
1922

Negativo de vidro à base de gelatina e brometo de prata
13 x 18 cm
Acervo Instituto Moreira Salles/Coleção Sebastião Lacerda, aquisição, 2016

Autoria não identificada

Morro do Castelo, transladação dos restos mortais de Estácio de Sá, Centro
Rio de Janeiro, RJ
1922

Negativo de vidro à base de gelatina e brometo de prata
13 x 18 cm
Acervo Instituto Moreira Salles/Coleção Sebastião Lacerda, aquisição, 2016

Autoria não identificada

Morro do Castelo
Rio de Janeiro, RJ
1921

Fotografia em papel de gelatina e prata
22,5 x 11,7 cm
Acervo Fundação Biblioteca Nacional - Brasil

Autoria não identificada

Igreja de São Sebastião dos Capuchinhos; transladação dos restos mortais de Estácio de Sá, morro do Castelo, Centro
Rio de Janeiro, RJ
1922

Negativo de vidro à base de gelatina e brometo de prata
13 x 18 cm
Acervo Instituto Moreira Salles/Coleção Sebastião Lacerda, aquisição, 2016

Autoria não identificada

Demolição do morro do Castelo, Centro
Rio de Janeiro, RJ
1922

Negativo de vidro à base de gelatina e brometo de prata
13 x 18 cm
Acervo Instituto Moreira Salles/Coleção Sebastião Lacerda, aquisição, 2016

Guilherme Santos
(Rio de Janeiro, RJ, 1871-1966)

Pessoa carrega escombros da derrubada do morro do Castelo
Rio de Janeiro, RJ
c. 1920

Estereoscopia diapositiva de gelativa e prata sobre vidro
7,5 x 15,5 cm
Acervo Fundação Museu da Imagem e do Som do Rio de Janeiro

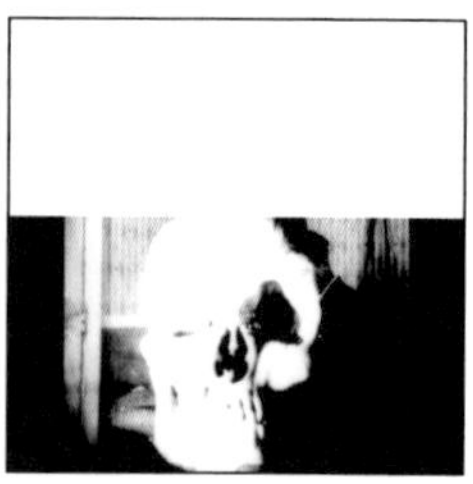

Direção: Arthur Serra;
Fotografia: Igino Bonfioli (Verona, Itália, 1886 - Belo Horizonte, MG, 1965)

Frames do filme *Tormenta*
Belo Horizonte, MG
1930 (produção), 29.01.1931 (lançamento)

Filme preto e branco 35 mm, sem áudio, 2' 05"
Acervo Cinemateca Brasileira - gestão da Sociedade Amigos da Cinemateca - SAC - Laboratório Memória e Cinema - Acervo Imagens de Minas - Escola de Belas Artes/UFMG

Direção: Mário Peixoto (Rio de Janeiro, RJ, 1908-1992);
Fotografia: Edgar Brasil (Hamburgo, Alemanha, 1903 - Cruzeiro, RJ, 1954)

Frames do filme *Limite*
Mangaratiba, RJ
1931

Filme preto e branco 35 mm, sem áudio, 8'07"
Acervo Cinemateca Brasileira - gestão da Sociedade Amigos da Cinemateca - SAC

Souza, Rafael Braga Lino dos Santos, Luanda da Silva

FINANCEIRO
Antônio Carlos Mezzovilla Gonçalves (Coordenação), Fernando Garcia dos Santos de Paula, Marcos Pereira da Silva, Sergio Luiz Arantes, Silvana Aparecida dos Santos

FOTOGRAFIA
Sergio Burgi (Coordenação), Cassio Loredano (Consultoria), Aílton Alexandre da Silva, Alessandra Coutinho Campos, Alexandre Delarue Lopes, Andrea Câmara Tenório Wanderley, Ileana Pradilla Ceron, Joanna Barbosa Balabram, Josiene Dias Cunha, Mariana Newlands Silveira, Martim Passos, Pâmela de Oliveira Pereira, Rachel Rezende Miranda, Thaiane do Nascimento Koppe

FOTOGRAFIA CONTEMPORÂNEA & REVISTA *ZUM*
Thyago Nogueira (Coordenação), Ângelo Augusto Manjabosco, Carlos Eduardo Sampaio Franco, Daniele Queiroz, Rony Maltz

GESTÃO DE ACERVOS
Millard Wesley Long Schisler (Coordenação), Fabiana Costa Dias, Maria Silvia Pereira Lavieri Gomes

Núcleo Digital
Joanna Americano Castilho (Coordenação)

Equipe de Digitalização e Processamento de Arquivos: Marcele de Oliveira Gonçalves e Wallace Amaral Primo Correa

Equipe de Tratamento de imagem e Impressão Digital: Carolina Filippo do Nascimento, Daniel Sias Veloso, Guilherme Gomes Guimarães, Marcelo Hein de Andrade e Silva, Nrishinro Vallabha das Mahe e Thais Maciel Berlinsky

Equipe de Preservação Digital: Anna Carolina Pereira Rocha e Reginaldo Carvalho da Silva Júnior

Núcleo de Catalogação e Indexação
Roberta Mociaro Zanatta (Supervisão), Ana Clara Ribeiro Campos Maio, Charlyne Scaldini, Vanessa Matheus Cavalcante

Núcleo de Preservação e Conservação
Maria Clara Ribeiro Mosciaro (Supervisão), Edna Kátia Gaiardoni, Guilherme Zozimo Teixeira Dias, Jessica Maria da Silva, João Gabriel Reis Lemos, Luiz Henrique da Silva Soares, Marina de Castro Novena Correa, Mayra Cristina Lopes Cortes e Tatiana Novás de Souza Carvalho

ICONOGRAFIA
Julia Kovensky (Coordenação), Gustavo Aquino dos Reis, Jovita Santos de Mendonça

INCLUSÃO E DIVERSIDADE
Viviana Santiago (Coordenação)

INTERNET
Alfredo Ribeiro (Coordenação), Alana Moreira, Anna Paula de Carvalho Ibrahim, Daniel Pellizzari, Fabio Montarroios, Fernanda Pereira, Laura Klemz, Laura Liuzzi, Maria Clara Villas, Nani Rubin, Sendy Lago Araújo

JURÍDICO
Ji Hyun Kim (Coordenação), Thais Yamamoto

LITERATURA
Rachel Valença (Coordenação), Eucanaã Ferraz (Consultoria), Bruno Cosentino, Elizama Almeida de Oliveira, Jane Leite Conceição Silva, Kátya de Sá Leitão Pires de Moraes, Manoela Purcell Daudt D'Oliveira

LOGÍSTICA, EMPRÉSTIMOS E LICENCIAMENTOS
Bianca Mandarino da Costa Tibúrcio (Supervisão), Cauê Guimarães Nascimento, Marina Marchesan Gonçalves Barbosa, Nadja dos Santos Silva, Vera Lúcia Ferreira da Silva Nascimento

MÚSICA
Bia Campello Paes Leme (Coordenação), Miguel Angelo de Azevedo "Nirez" (Consultoria), Elias Silva Leite, Euler Picanço de Araújo Gouvea, Fernando Lyra Krieger, Isadora Cirne

PRODUÇÃO DE EXPOSIÇÕES
Camila Goulart (Coordenação), Lívia Ferraz, Marcele Vargas, Maria Paula Ribeiro Bueno, Ricardo Elias Militão.

RÁDIO BATUTA
Luiz Fernando Rezende Vianna (Coordenação), Joaquim Ferreira dos Santos (Consultoria), Filipe Di Castro, Mário Luiz de Souza Tavares

RECURSOS HUMANOS
Sirlei Marinho Paulino (Coordenação), Raquel Aparecida Barbosa Santos Correa, Sandra Carvalho.

REVISTA *SERROTE*
Paulo Roberto Pires (Coordenação), Guilherme Freitas

TECNOLOGIA DA INFORMAÇÃO
Eliane de Castro Lima (Coordenação), André Roberto Felipe, Maurício Adriano Oliveira dos Santos

ESTÁGIO
Beatriz Carvalho Schreiner, Danilo de Oliveira Bresciani, Diego Velasco Coelho, Letícia da Paz Maia, Simone Pereira Santos, Luara Macari Nogueira, Guilherme Fonseca Oliveira, Amanda do Nascimento Pereira, Fábio Ferreira Alencar

MODERNA PELO AVESSO: FOTOGRAFIA E CIDADE, BRASIL, 1890-1930

Realização
Instituto Moreira Salles

Exposição apresentada no IMS São Paulo de 13 de setembro de 2022 a 26 de fevereiro de 2023

EXPOSIÇÃO

Curadoria
Heloisa Espada
Beatriz Matuck (assistência)
Consultor
Mauricio Lissovsky
Pesquisa
Alejandra Muñoz, Charles Monteiro, Ionaldo Rodrigues, Mariana Newlands, Rogério Arruda
Projeto expográfico
Ricardo Amado
Design
Estúdio Campo
Iluminação
Camille Laurent
Ampliações e impressões
Kelly Polatto e Núcleo de Digitalização do IMS

CATÁLOGO

Organização
Heloisa Espada
Beatriz Matuck (assistência)

Produção editorial
Núcleo Editorial IMS

Projeto gráfico
Estúdio Campo

Preparação e revisão
Ana Martini e Lia Fugita

Digitalização e tratamento de imagens
Núcelo Digital IMS

REPRODUÇÕES FOTOGRÁFICAS

Equipe de Tratamento de Imagem e Impressão Digital IMS

Acervo da Biblioteca do Instituto de Estudos Brasileiros da USP. Coleção Mário de Andrade. (p. 34)

Acervo do Museu Histórico Abílio Barreto/ Fundação Municipal de Cultura/Coleção Comissão Construtora da Nova Capital (p. 23)

Acervo Fotográfico do Museu da Cidade de São Paulo (pp. 86-87)

Acervo Fundação Biblioteca Nacional - Brasil (pp. 65, 146, 148, 149)

Acervo Fundação Museu da Imagem e do Som do Rio de Janeiro (pp. 7, 137, 138, 144, 162, 163, 172)

Arquivo Público Mineiro/Fundo Secretaria de Agricultura, Comissão Construtora da Nova Capital (p. 21)

Coleção Flávia e Frank Abubakir - Instituto Flávia Abubakir (pp. 132-135)

Coleção particular (pp. 114-117)

Estadão Conteúdo (p. 125)

Museu de Porto Alegre Joaquim José Felizardo (pp. 66-73)

Reprodução por Filipe Berndt (p. 54)

Reprodução por Octavio Cardoso (pp. 118-121)

Reprodução por Vicente de Mello (pp. 139, 142, 158)

AGRADECIMENTOS

Albertina Lacerda Malta, Aline Lopes de Lacerda, Arquivo Público do Estado de São Paulo, Arquivo Público Mineiro, Beatriz Mamigonian, Biblioteca Pública Arthur Vianna, Célia Aguiar, Cinemateca Brasileira, Circe Cabeda, Denise Stumvoll, Família Alves, Família Rebello, Fernando Oberlaender, Fundação Biblioteca Nacional, Fundação Energia e Saneamento, Fundação Joaquim Nabuco, George Ermakoff, Gilmara Ramires do Nascimento, Henrique Espada, Hernani Heffner, Iara Schiavinatto, Instituto de Estudos Brasileiros da Universidade de São Paulo, Instituto Flávia Abubakir, Joaquim Marçal Ferreira de Andrade, José Damasceno, Jussara Vitória, Laís Myhrra, Luiz Braga, Marcele Cristine Moreira Vargas, Márcia Mello, Maria Clara Villas, Mariano Klautau, Marina Moros, Mônica Simões, Monsenhor Jamil Nassif Abib, Museu da Cidade de São Paulo, Museu da Comunicação Social Hipólito José da Costa, Museu da Imagem e do Som de Belo Horizonte, Museu da Imagem e do Som do Rio de Janeiro, Museu de Arte Moderna do Rio de Janeiro, Museu de Porto Alegre Joaquim José Felizardo, Museu Histórico Abílio Barreto, Museu Paraense Emílio Goeldi, Nelson Sanjad, Patrícia e Waltércio Caldas, Paula Ramos, Ricardo Mendes, Rodolfo Junqueira Fonseca, Rose Silveira, Ruy Souza e Silva, Sávio Stoco, Sebastião Lacerda

Moderna pelo avesso:
fotografia e cidade,
Brasil, 1890-1930 /
curadoria Heloisa
Espada. - São Paulo:
IMS, 2023.
216 p. il., fots.

ISBN
978-65-88251-11-9

1- Fotografia - Brasil. 2.
Fotografia - Cidades -
História. I. Espada,
Heloisa (curadora).

M694
CDD 770.981

Bibliotecária
responsável: Katya
de Sá Leitão Pires de
Moraes - CRB7 -6143.

Este catálogo foi
composto com as
famílias tipográficas
Basis Grotesque Pro
e Mono; e impresso
em papel Offset
120 g/m² pela Ipsis
Gráfica e Editora
em janeiro de 2023,
com tiragem de
1.000 exemplares.

IMS